豊かな人生に必要なお金を手に入れる方法

内藤忍の

資産設計塾

【第4版】

(株)資産デザイン研究所
代表取締役社長

内藤 忍

自由国民社

は　じ　め　に

　経済成長が鈍化し、少子高齢化が進んでいる日本には、経済問題が山積しています。財政赤字が積み上がり、年金や社会保障の負担はさらに大きくなる中、政府による国民生活のサポートはもはや期待できません。相続税や消費税の負担もさらに大きくなる可能性が高まっています。

　ビジネスの世界では、終身雇用制度が崩壊し、仕事から得る収入だけで経済的な安心を得ることは難しくなりました。一方、為替相場は2012年秋から円安基調に転換。一時1ドル120円に達するなど急激に円安が進み、輸入物価を中心に値上げが目立つようになってきました。

　今後、円安や金融緩和の影響でインフレが進み、賃金の上昇が追い付かなければ、実質的な賃金は低下していくことになります。

　これからは国や会社に頼ることはできません。自分の人生は、自分で責任を持たなければいけない時代に入ったのです。

　このような中、必要なのはお金の知識です。自分が働くだけではなく、お金にも働いてもらえるようにするための資産運用のスキルが求められているのです。

　本書は、日本人の資産運用の具体的な方法について網羅的にまとめた「長期資産運用のバイブル」です。2005年に初版が刊行されて以来、シリーズで13万部を超えるロングセラーになっています。

　今回は改訂第4版となりますが、「人生の目標を設定し、それを達成するために『いつまでにいくら』必要かを数値化する。そして、そのお金を手に入れる効率的な資産運用の方法を考える」というアプローチは不変です

　本書が、1人でも多くの方が資産運用の重要性を認識し、堅実な資産運用を実践されて、人生の目標を達成するきっかけになることを願っています。

2015年4月

内藤忍

プロローグ

「リスクを取らないリスク」を認識する
資産を守り着実に殖やす資産運用法

　外貨資産を持たず、円の元本保証資産（預貯金）だけを保有している日本人は、大きなリスクにさらされています。それは「リスクを取らないリスク」です。

● 日本人の資産運用の構造的問題

　日本銀行の統計データによれば、日本人の個人金融資産は約1,694兆円（2014年12月末）ですが、その90％以上は円資産。そして、半分以上は現金や預貯金に偏っています（図0-1）。

　資産を1か所に集中させておくことは、たとえそれが安全だと信じられているものであっても潜在的に大きなリスクを抱えています。それが「リス

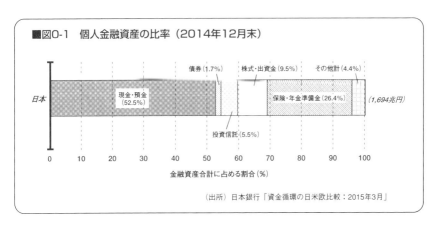

■図0-1　個人金融資産の比率（2014年12月末）

（出所）日本銀行「資金循環の日米欧比較：2015年3月」

クを取らないリスク」です（図0-2）。

2011年の東日本大震災直後には、このリスクが意識され、日本に資産を集中させていた富裕層の中には、資産の一部を海外にシフトさせる動きが見られました。しかし、まだ日本人の金融資産の大半は円資産となっています。

日本人の資産構造が円から外貨にシフトしない理由の1つは、1973年に変動相場制に移行して以来、ドル円相場が長期的に円高トレンドで推移してきたからです。

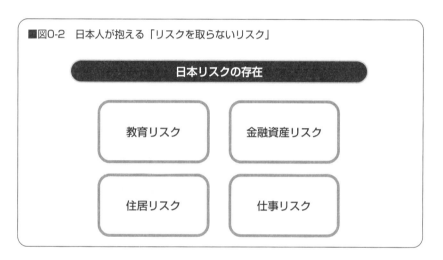

そもそも、日本人の多くは、仕事も家も家族も子供の教育もすべて日本に偏っています。そして金融資産まで日本円に集中させている状態です。このようなライフスタイル全般にわたる日本への過度の集中は、もはや安心すべき状態ではなく、むしろ危険を感じるべき状況と言えます。

金融資産に関しては2つのリスクが存在します。それは、円安とインフレです。1990年代から20年続いてきた円高とデフレが、長期的な円安とインフレに反転していく可能性があるのです（図0-3）。

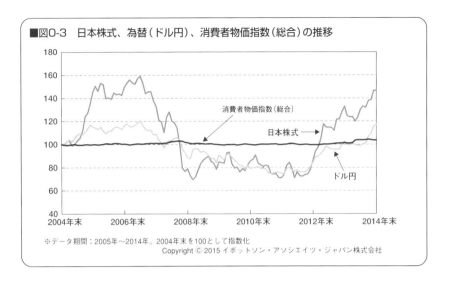

1つ目のリスク「円安」

　円安とは、円の価値が他の通貨に対して下がっていくことです。同じ1万円の価値が外貨ベースで減価していくことになれば、実質的な購買力はグローバルに低下していくことになります（図0-4）。

　また輸入品の価格の上昇によって、国内で生活するコストも上昇する可能性があります。

　日本人にとって問題になるのは、円高ではなく円安です。多くの日本人は、国内で仕事をして、日本円で給料を受け取り、日本円で資産を保有しているからです。円安とはそれらの資産の価値がグローバルに見て下落することを意味します。円高は輸出企業にとっては収益圧迫要因になりますが、個人の金融資産の価値という観点からは悪い話ではないのです。

　為替レートは、短期的には投資資金の流れや金利差によって影響されますが、中長期的には経常収支やインフレ率の差の変化で説明されます。

　今後、日本がデフレから脱却することでアメリカとのインフレ格差が縮小し、経常黒字が減少すれば円安ファクターとなります。また日銀の異次元緩和金融政策も、円安を後押しします。

■図0-4　円安で日本人の資産は目減りする

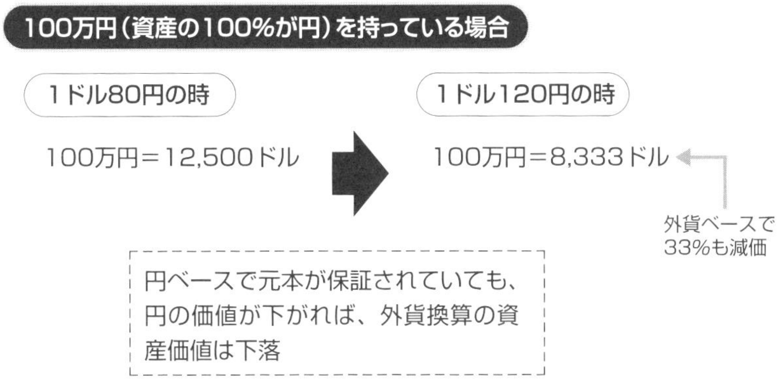

100万円（資産の100%が円）を持っている場合

1ドル80円の時

100万円＝12,500ドル

1ドル120円の時

100万円＝8,333ドル ← 外貨ベースで33%も減価

円ベースで元本が保証されていても、円の価値が下がれば、外貨換算の資産価値は下落

　ただし、将来の為替レートに関しては、専門家でも予想するのは簡単ではありません。円高になるのか円安になるのかを予想を立てて当てにいくのではなく、確率から投資比率を決めていくのが合理的です。もし、確率が半々だと思うなら、資産の保有割合も円資産と外貨資産を50%ずつ保有するべきです。

　円資産に大きく偏る日本人の資産配分は、円高を想定している人が取るべきポジションです。ところが、セミナーなどで個人投資家の方の意見を聞くと、長期的な円安を想定している人が圧倒的に多いのです。これからの為替の見通しと、自分が保有している資産の現状がずれている。これは大きな問題です。まず、円以外への資産分散を考える必要があるのです。

● 2つ目のリスク「インフレ」

　もう1つのリスクがインフレです。インフレとは貨幣の価値が下がり、相対的にモノの値段が上がっていくことです。例えば、一杯500円のコーヒーが5,000円になれば、1万円で20杯飲めたのがたった2杯になってしまいます。1万円は額面のまま変わらなくても、貨幣の価値が下がれば、実質的には資産（購買力）が目減りしてしまうのです（図0-5）。

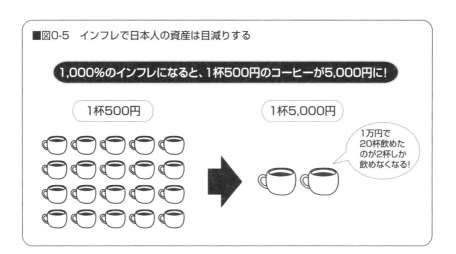

　コーヒー5,000円というのは極端だとしても、物価が10％上昇すれば、1万円の価値は9,000円に下がったのと同じことです。

　もし物価が10％上昇するなら、自分の資産も10％増えていなければ、元本は減っていなくても実質的な価値は減少することになります。2017年4月に予定されている2回目の消費税引き上げ（税率10％）も、消費に与えるインパクトは物価上昇と同じです。

　インフレが顕在化すれば、低金利の預貯金から株式や不動産に資産が流れ、価格が上昇してくる可能性があります。貨幣よりも実物の資産を保有しようとする人が多くなるからです。

　インフレのリスクに対処するためには、資産の過半を現金・預金で保有する、現状の資産配分を変えていく必要があるのです。

● 円安・株高で広がる日本人の資産格差

　実際の動きを見てみると、2012年末に発足した第2次安倍政権の金融政策によって、為替と株価は大きく変化しました。2012年末から2014年末までの2年間で、ドル円は88.15円から119.76円まで円安が進み、日経平均株価は1万395円から1万7,450円まで67.9％上昇しました。また先進国の株価

指数（MSCIコクサイインデックス、円ベース）を2015年3月末までの3年間で見ると、円安と株高の相乗効果で、97.8％と大きく上昇していることがわかります。

　円の預貯金だけを保有していた人と株式や外貨に資産をシフトしていた人の間には、運用格差が広がっています。

　資産を保有していない人はそもそも株高・円安の恩恵を受けることができませんでした。しかし、資産を保有している人であっても、殖やせる人と殖やせない人の間で格差が広がったのです。

　このような資産運用による経済格差は、今後さらに広がる可能性があります。

まずやるべきは「現状把握」と「目標設定」

　では、資産を守り殖やしていきたいと考える人は何をすべきでしょうか？

　まず、最初にやるべきことは、「現状把握」です。現時点で保有している自分の資産を洗い出し、リスクに応じて分類してみることです。そして資産全体の中の、外貨と円貨の比率、株式と債券と不動産の比率などを計算してみるのです。

　資産配分で重要なことは、「木を見て森を見ず」にならないことです。個人投資家はどうしても個別の銘柄に目がいってしまいますが、重要なのは全体の資産配分です。まずは、外貨資産の比率や株式資産の比率といった大きな配分比率を決定しましょう。そして自分の資産を「いつまでにいくら」にしたいか、「目標設定」を行います。現状と目標のギャップを埋めるために何をすべきかが見えてきます。

資産配分を決めてから投資を実行する

　次にやるべきことは、アセットアロケーション（資産配分）です。どの銘柄に投資するかや、どのタイミングで投資するかより、圧倒的に重要なのが資産配分の比率を決定することです。

　個人投資家が投資で成果を出せないのは、投資のやり方に問題があるか

らです。

　資産運用の基本はアセットアロケーションに基づく分散です。金融資産はマーケットの変動によって価値が増減します。株式や外貨資産のように株価や為替の変動によって大きく変化する資産もあれば、預貯金のように元本の安全性が高く価値が変動しにくい資産もあります。大切なことは、個別の資産の変動を短期的に見て一喜一憂することではありません。資産を分散させることによって、自分の保有している金融資産全体が自分の望むレベルのボラティリティ（資産の変動率）に抑えられているかを確認することです。

　例えば株式や外貨資産全体に占める比率に関しては、リスクを取ることができる資産形成期の30代、40代といった世代であれば、資産の40％以上にしても問題ないと思います。ただし通貨を分散させ、リスクのある資産の比率を少しずつ高めていくのが良いでしょう。

● あきらめるのは、まだ早い

　円安や株高が進んでしまい、何もしないまま投資のタイミングに乗り遅れてしまった人たちの中には、今更投資をしても手遅れという、あきらめムードになっている人がいます。

　しかし、円安になってしまったからといって、円100％の資産をそのまま放置しておくのは、購入した株式の価格が下落して損失が出てしまったから、塩漬けにしてしまうというのと同じです。もし今のドル円のレベルで、もうこれ以上円安にならないと思うのであれば、円資産を100％保有しているのが正しい投資行動です。しかし、さらに円安になる可能性があると思うのであれば、既に円安が進んでいたとしても、今から外貨投資を始めていくべきです。

　「もっと円高のうちに投資をしておけば良かった」と思ってみたところで、それは既に過去であり、事実を変えることはできません。私たちができることは、自分で行動して未来を変えていくことだけです。

　過去を悔やんでいる時間があったら、これからの未来に向けて自分が何

をすべきなのかを真剣に考え、行動に移すべきです。

🔵 本書の特長

　本書は、長期で資産を守り、殖やしたいと考えている日本の個人投資家のための資産運用ガイドです。

　デイトレードのように、短期で大きなリスクを取って利益を狙うような方法ではなく、アセットアロケーションを重視し、リスクをコントロールしながら資産形成していくことを目的にしています。

　金融商品についての説明も網羅性を重視し、実際に投資をする人の立場に立って具体的な解説を心がけました。

　また今回の改訂では、第5章で金融資産だけではなく実物資産への投資についても詳細に解説しています。不動産に代表される実物資産は、金融資産に比べ効率の低い投資対象ですが、金融資産には無い投資のメリットが存在します。

　資産運用は、最終的には金融資産と実物資産を組み合わせた「ハイブリッド投資」で行うのが最善であると考え、私自身の資産も金融資産と、国内外の実物不動産を組み合わせてポートフォリオを構築しています。2つの資産の組み合わせ方についても、取り上げます。

　「内藤忍の資産設計塾シリーズ」は、本書が7冊目になります。2005年に最初の一冊が刊行されてから、累計で13万部を超えるロングセラーとなりました。現在も分散投資のバイブルとして読まれている、資産運用の定番書籍です。

　銀行、投資顧問、証券会社、投資教育会社、プライベートバンク、そして資産設計アドバイザーとしての30年近い私の経験のすべてを盛り込みました。また、個人投資家として自ら実践してきた投資経験も反映しています。

　本書を活用して、10年後、20年後に後悔しない資産運用を実践してください。

内藤忍の資産設計塾

[第4版]

目次

はじめに
[プロローグ] 資産を守り着実に殖やす資産運用法 …………………………… 2
本書で使用した過去データについて ……………………………………………… 20

第1章・資産設計塾［心理編］
資産設計を始める前の7つのマインドセット

マインドセット1　まず「人生の目標」を設定する ……………… 22
お金は目的ではなく手段の1つ ……………………………………………… 22
「いつまでにいくら」を考える ………………………………………………… 23
目標を変えることを恐れない ………………………………………………… 24
column ● 老後資金の目標はまず2千万円 …………………………………… 25

マインドセット2　経営者視点で考える …………………………… 26
企業経営と資産設計の共通点 ………………………………………………… 26
個人投資家＝お金の経営者 …………………………………………………… 27
「お金」は指示しなければ働かない …………………………………………… 27
資産設計を経営者視点で続ける ……………………………………………… 28
column ● ファンドマネージャーは10年後にいなくなる？ ……………… 29

マインドセット3　環境変化に柔軟に対応する ……………………… 30
経済環境の変化がマーケットを変えていく ………………………………… 30
投資の基本は変わらない ……………………………………………………… 30
情報収集で環境変化に対応する ……………………………………………… 31

マインドセット4　自分の頭で考え、最終判断する ………………… 32

「ブラックボックス」には手を出さない······32
やってはいけない「横並び」······33
自分の頭で考える······33

マインドセット5 資産運用の本当の目的を考える······34
資産運用の目的は楽しむことではない······34
投資の費用対効果を意識する······34
金融資産の運用はインデックスが基本······35

マインドセット6 長期で続けられる仕組みを持つ······36
資産運用の成果が上がらないストレス······36
続けるためのストレス······37

マインドセット7 常に自分自身を成長させる······38
投資環境も自分自身も変化する······38
自己成長は情報収集から······39
模倣から自分のスタイルを確立する······39
第1章のまとめ······40

第2章・資産設計塾［理論編］

資産を殖やす7つのセオリー

セオリー1 リターンよりリスクから考える······42
高いリターンを望むならリスクも大きくなる······42
資産によってリスクは異なる······43
「ゲームオーバー」を避ける方法を考える······44
リスク回避の最善の策は「分散」······44

セオリー2 アセットアロケーションから決めていく······46
投資成果を決定する3つの要素······46
どの株をいつ買うかより「何にどれだけ配分するか」······46
アセットアロケーションに正解は無い······48
column ● アセットアロケーションを自分でやらない方法······49

セオリー3 長期と短期の2つの視点を持つ······50

長期運用は資産価格の上昇を前提としている ……………………………… 50
長期運用で常にプラスのリターンが実現するとは限らない ………………… 50
ベータ（β）とアルファ（α）…………………………………………………… 52
column ● ピンチはチャンス ………………………………………………… 53

セオリー4 **3つの運用方法を使い分ける** ……………………… 54
インデックス運用とアクティブ運用 ……………………………………………… 54
市場の効率性を考える ……………………………………………………………… 54
3つの運用方法のいずれかを選択する ………………………………………… 55
投資初心者は銘柄選択をやってはいけない …………………………………… 56
インデックスをコア、アクティブをサテライトに …………………………… 57

セオリー5 **積立投資で時間を分散する** ………………………… 58
感情的な投資は、高値つかみになりやすい …………………………………… 58
ドルコスト平均法の目的は「大失敗の防止」………………………………… 58
これから資産形成するなら積立を活用する …………………………………… 60
ドルコスト平均法は万能な方法ではない ……………………………………… 60
column ● インデックス運用の問題点 ………………………………………… 61

セオリー6 **外貨資産は保有しないのがリスク** ……………… 62
問題は円高ではなく円安 …………………………………………………………… 62
円高局面でも外貨資産はプラスのリターン …………………………………… 63
ミスマッチリスクを解消する ……………………………………………………… 64
為替の予想は当たらない …………………………………………………………… 65

セオリー7 **感情的な投資を回避する** …………………………… 66
リスクの取りすぎで失敗する理由 ………………………………………………… 66
損切りが遅れてしまう理由 ………………………………………………………… 66
感情を排除する仕組みを作る ……………………………………………………… 67
第2章のまとめ ……………………………………………………………………… 68

第3章・資産設計塾［知識編］

個人投資家が使える9つの金融商品

商 品0 **金融商品のリスクと分類方法** ……………………………… 70

金融商品の5つのリスク ································· 70
信用リスクは取るべき商品で取る ····················· 71
流動性リスクは取るべきではない ····················· 72
マーケットリスクを管理する ························· 72
金融資産を6つのグループに分類する ················· 72

商品1 投資信託［資産運用の基本となる運用商品］················ 74
投資信託（ファンド）の仕組み ······················· 74
投資信託の特徴は分別管理と実績分配 ················· 75
投資信託のメリット ································· 75
投資信託のデメリット ······························· 76
投資信託の分類と種類 ······························· 78
投資信託の評価方法 ································· 79
インデックスファンドの評価 ························· 82
アクティブファンドの評価 ··························· 82
インデックスファンドとアクティブファンド ··········· 83
インデックスファンドの具体例 ······················· 84
アクティブファンドの具体例 ························· 85
投資信託の税金 ····································· 86

商品2 ETF［株価指数連動型上場投資信託］················· 88
ETFの仕組み ······································· 88
ETFのメリットとデメリット ························· 89
ETFの選び方 ······································· 90
投資信託とETFの「リレー投資」 ····················· 91
ETFの税金 ··· 92
column ● 投資信託の基準価額に対する誤解 ··············· 93

商品3 海外ETF ··································· 94
海外ETFのメリットとデメリット ····················· 94
海外ETFと他のインデックス運用商品との比較 ··········· 94
株式に投資する海外ETF ····························· 95
海外ETFの税金 ····································· 98
column ● ラップ口座選択の決め手は「コスト」··············· 99

商品4 日本株式 ··································· 100
初心者はインデックス運用から始める ················· 100
株式投資のメリットとデメリット ····················· 101

目次 13

日本株式のインデックス ・・・・・・・・・・・・・・・・・・・・・・・・・・・・・・・・・・101
日本株式の分析方法 ・・・・・・・・・・・・・・・・・・・・・・・・・・・・・・・・・・・・・102
日本株式の税金 ・・104
column ● 資産運用にもホームドクターが必要・・・・・・・・・・・・・・・・・・・105

商 品 5 **日本債券**・・・・・・・・・・・・・・・・・・・・・・・・・・・・・・・・・・106
国内債券のメリットとデメリット・・・・・・・・・・・・・・・・・・・・・・・・・・・・106
個人向け国債と新型窓販国債の違い・・・・・・・・・・・・・・・・・・・・・・・・・106
個人投資家はどの国債を活用すべきか・・・・・・・・・・・・・・・・・・・・・・・108
国内債券の税金 ・・・・・・・・・・・・・・・・・・・・・・・・・・・・・・・・・・・・・・・108

商 品 6 **外国債券**・・・・・・・・・・・・・・・・・・・・・・・・・・・・・・・・・・110
外国債券のメリットとデメリット・・・・・・・・・・・・・・・・・・・・・・・・・・・・110
利付債と低クーポン債・・・・・・・・・・・・・・・・・・・・・・・・・・・・・・・・・・・110
信用リスクは格付けから判断する・・・・・・・・・・・・・・・・・・・・・・・・・・・112
外国債券の選び方と投資の原則・・・・・・・・・・・・・・・・・・・・・・・・・・・・112
外国債券の税金 ・・・・・・・・・・・・・・・・・・・・・・・・・・・・・・・・・・・・・・・113

商 品 7 **外国為替証拠金取引**[ＦＸ] ・・・・・・・・・・・・・・・・・・114
外国為替証拠金取引（FX）の仕組み・・・・・・・・・・・・・・・・・・・・・・・・・114
外国為替証拠金取引のメリット・・・・・・・・・・・・・・・・・・・・・・・・・・・・・115
外国為替証拠金取引のデメリット・・・・・・・・・・・・・・・・・・・・・・・・・・・118
店頭FXと取引所FXの違い・・・・・・・・・・・・・・・・・・・・・・・・・・・・・・・・118
外国為替証拠金取引の活用法・・・・・・・・・・・・・・・・・・・・・・・・・・・・・120
外国為替証拠金取引の税金・・・・・・・・・・・・・・・・・・・・・・・・・・・・・・・121

商 品 8 **REIT**[不動産投資信託] ・・・・・・・・・・・・・・・・・・・・・122
REITの仕組み・・122
REITのメリットとデメリット ・・・・・・・・・・・・・・・・・・・・・・・・・・・・・122
REITの分類 ・・・124
REITの銘柄と活用法 ・・・・・・・・・・・・・・・・・・・・・・・・・・・・・・・・・・126
REITの税金 ・・127

商 品 9 **オルタナティブ投資**・・・・・・・・・・・・・・・・・・・・・・・128
オルタナティブ投資商品とは ・・・・・・・・・・・・・・・・・・・・・・・・・・・・・128
２つのポイント ― エッジとソーシング ・・・・・・・・・・・・・・・・・・・・・・130
ヘッジファンド投資のインデックス・・・・・・・・・・・・・・・・・・・・・・・・・130
オルタナティブ投資商品との付き合い方・・・・・・・・・・・・・・・・・・・・・131

オルタナティブ投資の税金 ………………………………………………………… 131
第3章のまとめ ……………………………………………………………………… 132

第4章・資産設計塾［実践編］
実際に運用するための6つのプロセス

プロセス1 アセットアロケーションをリスクから決定する … 134
アセットアロケーションが簡単ではない2つの理由 ……………………………… 134
リスク許容度で考える ……………………………………………………………… 135
平常時の資産変動の計測 …………………………………………………………… 136
異常時の資産変動の計測 …………………………………………………………… 137
アセットクラス間の相関係数の変化 ……………………………………………… 138
長期運用で資産の年平均変動率は低下する ……………………………………… 139
column ● 投資に役立つ海外メディア …………………………………………… 141

プロセス2 資産を6つに分類する ………………………………………… 142
資産を6つに分類して配分比率を考える ………………………………………… 142
株価リスクと為替リスクを中心に考える ………………………………………… 143
column ● お金を借りる力を何に使うか ………………………………………… 145

プロセス3 目標へのアプローチ方法を考える ……………………… 146
年あたり何%で運用できると考えるべきか ……………………………………… 146
将来の資産金額を試算する ………………………………………………………… 147
目標金額への到達方法をシミュレーションしてみる …………………………… 149

プロセス4 運用金額に合わせたポートフォリオ例 …………………… 150
運用金額別のマトリックスを考える ……………………………………………… 150
10万円のポートフォリオ例 ………………………………………………………… 151
50万円のポートフォリオ例 ………………………………………………………… 152
100万円のポートフォリオ例 ……………………………………………………… 153
300万円のポートフォリオ例 ……………………………………………………… 154
1,000万円のポートフォリオ例 …………………………………………………… 155

プロセス5 理想のアセットアロケーションへ移行する ……… 156
STEP1　保有する金融資産のデータを集める …………………………………… 156

STEP2　資産をアセットクラス別に分類する················156
STEP3　目標とするアセットアロケーションと比べてみる··········159
STEP4　現在持っている資産をシフトさせる················160
column ● タダより高いものはない····················161

プロセス6 モニタリングとリバランス················162
モニタリングとリバランスとは····················162
モニタリングの方法····························162
リバランスの方法·····························164
資産設計のQ&A·····························166
第4章のまとめ······························168

第5章・資産設計塾［実物資産編］

実物資産を使った資産設計8つのポイント

ポイント1 資産には実物資産と金融資産がある···········170
なぜ2つの資産を組み合わせるのか··················170
実物資産は「歪み」を狙う投資対象··················170
不動産投資のメリット　減価償却とレバレッジ·············171

ポイント2 不動産投資は海外も投資対象になる···········172
海外不動産投資のメリットとリスク··················172
海外不動産のリターンは掛け算で決まる················173
新興国は為替リスクが2階建てになる·················174
国内の不動産のメリットとリスク···················175
国内か海外かは、投資目的で決める··················175

ポイント3 不動産投資のプロセス··················176
マクロからミクロへのアプローチ···················176
現地視察の3つの目的·························177
物件の周辺環境は現地に行かないとわからない·············178
信頼できる不動産会社から購入する··················178
購入後の管理も重要になる······················179
column ● スタディツアーの価値····················181

16　　内藤忍の資産設計塾［第4版］

ポイント4 海外不動産とその特徴 ·················· 182
先進国の不動産はまずアメリカから ······················· 182
アメリカ不動産は州単位で分析する ······················· 183
減価償却のメリット ······································· 184
新興国不動産の特徴 ······································· 184
海外不動産投資の税金 ····································· 185

ポイント5 国内不動産とその特徴 ·················· 186
日本全体では人口減少で空室率は上昇傾向 ················· 186
国内不動産は「利回り差」を狙う ·························· 187
手堅いのは都心・中古・区分所有 ························· 188
都心のワンルームマンションの特徴 ······················· 189
相続税対策としての国内不動産 ··························· 190
国内不動産投資の税金 ····································· 190
column ● 二極化する日本の不動産 ······················· 191

ポイント6 ワイン投資 ·························· 192
ワインの現物を使って投資する方法 ······················· 192
現物ワイン投資のメリット ································· 193
他のコモディティとの違いは「需要」「供給」「熟成」 ········ 193
現物ワイン投資のデメリット ······························ 195
現物ワイン投資の税金 ····································· 195

ポイント7 金（貴金属）の現物取引 ·············· 196
需給によって価格は大きく変動 ··························· 196
高値つかみを避けるためには積立の活用を ················· 197
貴金属の現物取引の税金 ··································· 198
column ● ファンドを使ったワイン投資 ··················· 199

ポイント8 実物資産を組み入れたポートフォリオ例 ······ 200
3,000万円のポートフォリオ例 ···························· 201
5,000万円のポートフォリオ例 ···························· 202
1億円のポートフォリオ例 ································· 203
column ● 円安とインフレに同時に備える方法 ············· 204
第5章のまとめ ··· 206

第6章・資産設計塾［応用編］
資産設計のフロンティアを広げる7つのポイント

ポイント1 海外口座のメリットとデメリット ・・・・・・・・・・・・・・・・・・・208
海外口座を開設するメリットとデメリット・・・・・・・・・・・・・・・・・・・・・・・・208
海外口座は節税対策にはならない・・・・・・・・・・・・・・・・・・・・・・・・・・・・・・208
海外口座で思わぬ落とし穴に陥ることも・・・・・・・・・・・・・・・・・・・・・・・・209

ポイント2 NISAの活用法 ・・・・・・・・・・・・・・・・・・・・・・・・・・・・・・・・・・・・210
NISAの概要・・・210
NISAのメリットとデメリット・・・・・・・・・・・・・・・・・・・・・・・・・・・・・・・・210
投資経験者のNISAの活用例・・・・・・・・・・・・・・・・・・・・・・・・・・・・・・・・・・211

ポイント3 マイホームと住宅ローン ・・・・・・・・・・・・・・・・・・・・・・・212
家は買うべきか、借りるべきか？・・・・・・・・・・・・・・・・・・・・・・・・・・・・・・212
ローンは固定か、変動か？・・・・・・・・・・・・・・・・・・・・・・・・・・・・・・・・・・・213
ローンと資産運用は両立できる・・・・・・・・・・・・・・・・・・・・・・・・・・・・・・・213

ポイント4 保険の見直し ・・・・・・・・・・・・・・・・・・・・・・・・・・・・・・・・・・・214
金融資産になる保険・ならない保険・・・・・・・・・・・・・・・・・・・・・・・・・・・・214
保険は高コスト商品・・214
まずは自分の保険を確認する・・・・・・・・・・・・・・・・・・・・・・・・・・・・・・・・215

ポイント5 相場が急落した時の対処法 ・・・・・・・・・・・・・・・・・・・216
下げ局面で投資をやめてしまう個人投資家・・・・・・・・・・・・・・・・・・・・・・216
相場が下落してもやめない方法を考える・・・・・・・・・・・・・・・・・・・・・・・217
遠い将来から現在を見る視点を持つ・・・・・・・・・・・・・・・・・・・・・・・・・・・217

ポイント6 資産運用の勉強法 ・・・・・・・・・・・・・・・・・・・・・・・・・・・・・218
勉強すべきは「理論」と「実践」の2つ・・・・・・・・・・・・・・・・・・・・・・・・218
「価値＞価格」のセミナーを選択する・・・・・・・・・・・・・・・・・・・・・・・・・219
個人投資家のネットワークを活用する・・・・・・・・・・・・・・・・・・・・・・・・・219

ポイント7 長期の社会の変化と投資戦略 ・・・・・・・・・・・・・・・・220
人口動態と技術進歩 ・・220

先進国と新興国のフラット化 …………………………………………………220
不確実性に対応する長期分散投資……………………………………………221
第6章のまとめ…………………………………………………………………222

資産運用に役立つ書籍…………………………………………………………224
エピローグ ………………………………………………………………………226
索引…………………………………………………………………………………228

本書に記載された情報に関しては万全を期してはいますが、内容を保証するものではありません。また本書の内容は、著者の個人的な見解を解説したものであり、著者が所属する機関、組織、グループ等の意見を反映したものではありません。本書は特定の金融商品を推奨するものではありません。本書の情報を利用した結果によるいかなる損害、損失についても、出版社、著者並びに本書制作の関係者は一切の責任を負いません。投資判断はご自身の自己責任でお願い致します。

本書で使用した過去データについて

　イボットソン・アソシエイツ社（Ibbotson Associates, Inc.）は、1977年に米国でロジャー・イボットソン氏（米国イェール大学経営大学院教授）によって設立された、投資収益率のデータ分析やアセット・アロケーション・コンサルティングなどで世界的な信頼と評価を受けている企業です。本書では同社の日本法人であるイボットソン・アソシエイツ・ジャパン株式会社の協力により、過去45年間のインデックスデータを基にした投資リターンやリスクの検証データをはじめとして、様々なデータの提供を受けています。年金基金や金融機関など主に機関投資家向けであるこれらのデータを使用することにより、資産設計に関してさらに実証的な検証を行うことが可能になりました。

本書で使用した主な資産クラスの投資収益率データ

日本株式	東証一部上場株式全銘柄の時価総額加重平均指数
日本債券	NOMURA-BPI総合指数
外国株式（円ベース）	MSCI コクサイ（グロス、円ベース）
外国債券（円ベース）	1984年までは世界の主要国を構成国とするイボットソン・アソシエイツ・ジャパンの外国債券ポートフォリオ（円ベース）、1985年以降はシティグループ世界国債インデックス（日本除く、円ベース）
外国債券（現地通貨ベース）	シティグループ世界国債インデックス（日本除く、現地通貨ベース）
新興国株式（円ベース）	MSCI EM（グロス、円ベース）
新興国株式（現地通貨ベース）	MSCI EM（グロス、現地通貨ベース）
新興国債券（円ベース）	JPM EMBI グローバル（円ベース）
米国株式（現地通貨ベース）	S&P 500（ドルベース）
欧州株式（現地通貨ベース）	MSCI EMU（グロス、ユーロベース）
流動性資産	有担保コール翌日物（月中平均）
日本REIT	東証リート指数
グローバルREIT	S&P 先進国REIT指数（円ベース）
日本REIT予想配当利回り	SMTRI J-REIT総合インデックス（イールド）
ドル円	1971年まではウォール・ストリート・ジャーナルN.Y.15:00の為替レート、1972年以降はWM/Reutersロンドン16:00の為替レート
米国長期国債金利	米国20年近傍国債の最終利回り
イギリス長期国債金利	IMFイギリス長期国債の最終利回り
日本長期国債金利、10年国債利回り	イボットソン・アソシエイツ・ジャパン10年近傍日本国債の最終利回り
ドイツ長期国債金利	IMFドイツ長期国債の最終利回り
フランス長期国債金利	IMFフランス長期国債の最終利回り
オーストラリア長期国債金利	IMFオーストラリア長期国債の最終利回り
カナダ長期国債金利	IMFカナダ長期国債の最終利回り

　各資産クラスの投資収益率は現地通貨ベースと明記のない限り、円ベースです。外貨ベースの投資収益率についてはイボットソン・アソシエイツ・ジャパンが円換算しています。円換算に用いる為替データは、1971年まではウォール・ストリート・ジャーナルN.Y.15:00の為替レート、1972年以降はWM/Reutersロンドン16:00の為替レートを用いています。また各資産クラスの投資収益率には、一部を除きトータル・リターン（配当込みリターン）を用いています。つまり投資収益率については、すべてのインカム収益（配当や利息）は再投資されたという前提にたっています。また、利息・配当等にかかる税金や取引費用・取引税は考慮していません。なお、上記の投資収益率データ等に基づく本書図表については、著作権等すべての権利を有するイボットソン・アソシエイツ・ジャパン株式会社から使用許諾を得ています。

第1章

資産設計を始める前の7つのマインドセット

さあ、これから資産運用の方法について学んでいきましょう。まずは資産設計を始める前の基本として、7つの心構えを学びます。せっかく資産を殖やそうと真面目に努力しても、その努力の方向が間違っていては良い結果は得られません。そんな投資を始めようとする多くの人たちが勘違いしているポイント、陥りやすい思い込みへの対策などを心構えとしてまとめました。

資産設計塾［心理編］

1
マインドセット

まず「人生の目標」を設定する

> **必要なお金を数値化する**
>
> お金は「目的」ではなく、人生の目標を実現する手段。「いつまでにいくら」必要かを数値化することで、達成の可能性を高めることができる。

　資産運用を実際に始める前にまずやるべきことがあります。それは、人生の目標の設定です。具体的な目標を設定することによって、計画的・戦略的な資産設計が可能になります。

　そして次に、その目標を達成するために必要な「いつまでにいくら」を数値化し、その上で運用戦略を考えていくのが正しい順番です。資産運用の具体的な方法については、第4章で説明します。

お金は目的ではなく手段の1つ

　お金自体は「目的」ではなく、人生の目標を実現するための「手段」に過ぎません。お金だけでは目標を実現することはできませんが、お金がないと実現できない目標があるというのも、また事実です。お金がすべてという考え方ではなく、お金との距離を上手に取っていく必要があるのです。

　自分に必要な期日や金額を実際に数値化していく上で大切になるのは、自分には何のためにお金が必要なのか、という人生の目標です。例えば老後の資金にしたい、家を買いたい、留学したい、会社を興したい——このような目標を実現するためにお金が存在するのです。

　ところが、多くの個人投資家は金額や時期を数値化することもなく、とにかく少しでも多く資産を殖やそうといきなり投資を開始します。このようなやり方では資産運用に計画性が無く、長期で効率的に資産を殖やしていくことができないのです。

　「資産設計」のプロセスをまとめると図1-1のようになります。

　自分がいつまでにいくらの資産が必要か、という**金額と達成時期の目標を数値化**してから資産設計を始めれば、お金を殖やす最短距離を見つけられます。実は多くの人は自分が必要なお金以上を求めて無駄な資産運用をしているのです。

22　　第1章　資産設計を始める前の7つのマインドセット

■図1-1　資産設計のプロセス

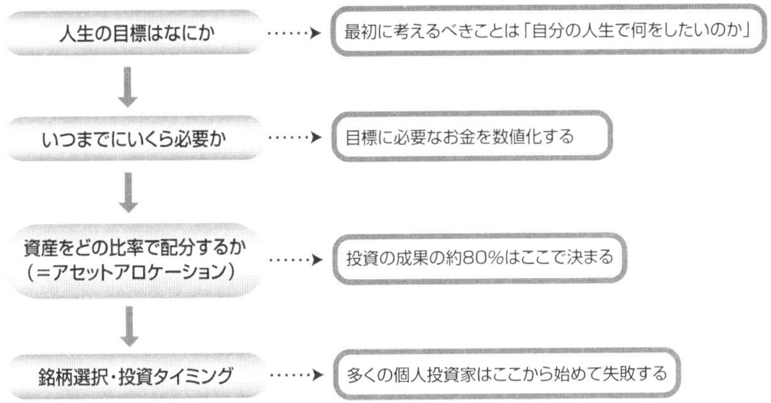

人生の目標はなにか	……▶	最初に考えるべきことは「自分の人生で何をしたいのか」
⬇		
いつまでにいくら必要か	……▶	目標に必要なお金を数値化する
⬇		
資産をどの比率で配分するか （＝アセットアロケーション）	……▶	投資の成果の約80％はここで決まる
⬇		
銘柄選択・投資タイミング	……▶	多くの個人投資家はここから始めて失敗する

　「1億円貯める」といった目標を立てている人は、本当に1億円必要なのかを冷静に考えてみる必要があります。本当に必要なお金がいくらなのかがわかれば、不必要なお金を殖やすために余計なリスクや時間を取られることがなくなります。お金に振り回される生活から解放されるのです。

　また目標が明確であれば、資産設計を続けるモチベーションも高まります。漠然と資産運用している場合に比べ、途中で投げ出してしまうことも少なくなります。

「いつまでにいくら」を考える

　お金が必要になる目標は人によって異なります。例えばマイホームを買うために10年後に頭金の500万円、独立するために15年後に1,000万円、老後の資金として20年後に5,000万円といった具合です。

　目標の金額と時期が決まったら、それを今持っている資金と将来追加する資金を運用してどのように殖やすのか、具体的に数値化していきます。

■日本人の平均寿命
2013年簡易生命表よると、日本人の平均寿命は男性80.21歳、女性86.61歳となり、男性も80歳台に到達した。

マインドセット1　まず「人生の目標」を設定する

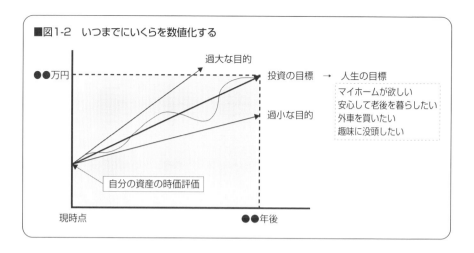

　その際想定するリターンは、確実なものではありません。予定よりも早く目標に到達することもあるでしょうし、逆に運用がうまくいかないで、資産が減ってしまうような事態もあり得ます。

　このように資産運用は計画を立てても不確実な要素が多く、予定通りになることは殆ど無いといっても良いかもしれません。

　それでもこのような具体的な数値を設定することによって、資産運用への取り組み姿勢が変わります。目標金額が明確になるとやる気が出てきますし、具体化することで、どのくらいリスクを取れば良いのかが見えてくるからです（図1-2）。

目標を変えることを恐れない

　資産設計のプロセスを実践する上で間違えてはいけないのは、人生の目標は変わる可能性があるということです。ライフスタイルや考え方、家族構成などが変わったら夢や目標も柔軟に変更していって問題はありません。一度作った夢や目標は必ず守らなければならないものではなく、むしろその時点で自分に最もふさわしいものにすべきです。もし自分の気持ちとズレが生じてきたらその時点で修正をしていくことです。

　一旦決めたことを変更することに抵抗を感じる人がいるかもしれませんが、変えることを恐れてはいけません。**自分にとって常にベストなものにしておくことの方がずっと大切です。**

column

老後資金の目標はまず2千万円

　個人投資家の資産運用の目的で一番多いのが老後資金の準備です。20代でも既に老後を意識している方がいると思えば、50代でも具体的な計画を立てていない人もいたりして、意識には個人差があります。

長くなった日本人の「老後」

　老後資金必要額というのは、住んでいる場所やライフスタイルなどによって変わってきますので一般化は困難ですが、自分の将来を想像するのはとても重要です。具体的に考える上で必要な前提は、①老後期間とは何年なのか、②毎月いくら必要なのか、③何%で資産運用を続けられるのか、の3つです。

　老後期間は厚生労働省発表の簡易生命表が目安になります。日本人の平均寿命（2013年）は、男性が80年、女性が86年に達しています。例えば65歳で仕事をやめて年金生活に入るとしても、65歳時点の平均余命は、男性が15年、女性だと21年あり、その期間の収入の確保を考えることになります。

　生活費については、総務省統計局の家計調査によれば世帯主が60歳以上の無職世帯の総支出は月額約23万円、社会

保険による受取額は約14万円となっており、差額の毎月約9万円が不足しています。まずはこの差額を自分の資産運用によって埋めていくことを考えてみましょう。

毎月の支出を運用益で補う

　下表は毎月10万円を引き出した場合、運用レートに対して、それぞれの年数でいくら必要なのかを計算したものです。例えば自分の老後期間が20年だとすれば、1,758万円あれば年3%の運用で20年間毎月10万円ずつ引き出せることがわかります。毎年何%で運用できるかに確実な数字はありません。もし、想定した運用レートを下回ることになれば、必要な金額はさらに大きくなります。

　また、老後には不測の支出もあり得ます。けがや病気などで大きな出費が必要になれば計画は大きく狂ってしまいます。さらに将来的に年金の目減りや税負担が増すことも考えられます。

　少し乱暴ですが、予備費用も入れれば、まずは2,000万円を目標に計画してみる。その上で必要な金額を加えていくのが良いでしょう。

■毎月10万円を引き出すのに必要な金額

（単位：万円）

運用レート	10年	15年	20年	25年	30年	35年	40年
0%	1,200	1,800	2,400	3,000	3,600	4,200	4,800
3%	1,024	1,433	1,758	2,090	2,352	2,578	2,774
5%	927	1,246	1,495	1,691	1,845	1,965	2,059

2 マインドセット
経営者視点で考える

お金の運用と会社経営の共通点

資産設計は会社経営と極めて似ている。自分の資産を長期で成長させるため、経営者の視点で運用戦略を考えれば、今やるべきことが見えてくる。

企業経営と資産設計の共通点

　資産設計には企業経営と多くの共通点があります（表1-1）。例えば資産設計も会社経営も、短期的なリターンではなく長期の成長が最終目的になります。企業経営においては事業の安定的な成長によって株主価値の拡大を実現し、「ゴーイング・コンサーン(going concern)」という永続する存在が想定されます。資産設計も短期的ではなく、長期の安定的で着実なリターンの実現を目標にします。一時的な利益を実現できたとしても長期運用を続けることができなければ意味がないからです。

　長い人生と共に資産を着実に殖やすためには、失敗しないこと、損失が出たときに早期に対応することによってその傷口を広げないようにすること、といった**リスク管理**が重要です。

■表1-1　企業経営と資産設計

	会社経営	資産設計
目的	企業の永続的成長	長期で資産を殖やす
手法	強みに集中	3つの運用で強みに特化
働き手	人	お金
意思決定者	経営者	個人投資家
リスク管理	事業の分散	投資対象の分散・時間の分散

　リスク管理の基本は「分散」です。資産設計では1つの資産に資金を集中させないで、様々な投資商品に分けて運用する「分散投資」が鉄則になります。そして分散の比率を考えるのがアセットアロケーションです。

　企業経営において、特定の商品やサービスに過度に集中するとリスクが高まることから、事業分野を分散させるのと同じ発想です。

個人投資家＝お金の経営者

企業の経営判断を最終的に行うのが経営者であるのと同様に、自分の資産をどのように運用するのかを最終的に決定するのは、個人投資家です。経営者が従業員に指示を出さなければ会社が機能しないのと同様、お金も自分が指示を出さなければ動きません。つまり個人投資家とは「お金の経営者」と言えるのです。

■資産設計も選択と集中を考える

企業も何でも自前でやる経営から、選択と集中によって自社の得意分野に特化するのが当たり前になってきました。社外の資源を活用するアウトソースを上手に活用することで経営資源の有効活用ができ、より大きな成果を出せるのです。

資産設計においても考え方は同じです。日本の個人投資家が、個別銘柄の分析や選定を行うには、情報収集に膨大な時間とコストがかかります。個人投資家が自分で銘柄選択をするよりファンドマネージャーにアウトソースする方が効率的です。むしろ資産配分の決定に時間を割くべきなのです。

54ページで説明するように、資産設計は3つの運用方法を使い分けることで成果を高めることを目指します。自分が強みを持っていると思う分野は自分で運用を行い、そうではない分野では外部に運用を委託する。あるいは、自分でもやらず外部にも委託しないで、市場の平均を着実に狙うインデックス運用という手法も選択できます。3つの手法のどれを選択するかを決めるのは個人投資家自身です。

「お金」は指示しなければ働かない

企業経営には「ヒト・モノ・カネ」が必要と言いますが、一番難しいのは「ヒト」です。優秀な人材を集め、彼らのやる気を高め成果に結び付けることには大きな手間とコストがかかります。

一方、資産設計における経営資源は「ヒト」ではなく、「お金」です（図1-3）。幸いなことにお金は人と違い、管理にかかるコストは非常に小さなものです。

とは言え、お金という自分の大切な資源を預貯金に入れている人は、社員になにも指示を出さず有効活用していない会社と同じで、せっかくの資産が稼働していない状態です。

■ゴーイング・コンサーン
企業が倒産することなく企業活動が永遠に続けられ、継続していくこと。継続企業。

■アクティブ運用
銘柄選択によって市場平均を上回るリターンを目指す運用方法（54ページ）。

■お金は人と違って管理に手間はかからない。揉め事を起こすこともないし、文句も言わずに働いてくれる。

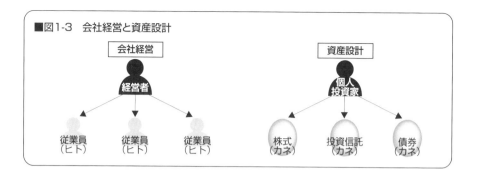

■図1-3　会社経営と資産設計

■細かいことは現場に任せる

　企業経営者というのは、現場の細かいことまで指示を出す必要はありません。方針を決めて責任者に指示した後は、現場に任せてマネジメントに専念すべきです。

　資産設計も同じです。一旦運用方針を決定したら、3カ月に1回のモニタリング（162ページ）を行うだけで、日々の運用に細かく関わる必要は無いのです。大事なのは相場の日々の変動ではなく、長期で資産を目標通りに成長させる運用戦略の構築と実行です。

資産設計を経営者視点で続ける

　漫然と経営をしている会社が市場の変化に対応できずに衰退してしまうのと同じように、資産設計を何となく続けているだけでは平時には問題が無くても、相場が急変したときに対応できなくなってしまいます。短期的に大きな成功を収めた個人投資家が、その後運用に失敗して市場から消えていってしまうのは、まさに経営者視点での運用をしなかったことが原因です。

　有能な経営者ほど用心深く、慎重です。資産設計においても求められるのは、大胆にリスクを取ってリターンを狙いにいくような勇敢さだけではなく、常に市場の変化に対応できるような柔軟な運用を長期に続けていく力を持ち合わせることです。

　資産設計では「自分がお金の経営者だったらどうするか」と常に自問することで良い結果をもたらすことができるのです。

column

ファンドマネージャーは10年後にいなくなる？

投資信託の運用をしている人をファンドマネージャーと言います。私も以前この仕事をしていましたが、その存在価値は、インデックスのリターンを上回る運用成果を出すことです。

人に頼らない運用手法も?!

しかし、最近「スマートベータ」という運用方法によってファンドマネージャーの力を借りなくてもインデックスを上回る運用成果を出す方法が研究されています。

例えば、企業価値型のスマートベータでは、企業のファンダメンタルズを、例えば株主資本、キャッシュフロー、利益、配当といった指標で評価し、機械的に銘柄を選択していきます。

運用成績を見てみましょう。スマートベータを使った新興国の株式運用の成果を示す「FTSE RAFIエマージング インデックス（円ベース）」の運用成績は、2000年から2014年までの15年間で、同じ新興国の株式インデックス（MSCI新興国株価指数）の2.3倍の上昇になっています。

ただし、スマートベータもアクティブ運用と同じように、常にインデックスよりも良好なリターンを実現する万能な運用手法ではありません。実際、スマートベータを使ったファンドでもインデックスを下回るパフォーマンスとなっているものも存在しています。

しかし、これはファンドマネージャーが銘柄選択を行うアクティブ運用でも同じことです。アクティブファンドも、約半数はインデックスよりも低い運用成果しか出せていません。

同じ成績ならスマートベータの方が低コスト

しかも、アクティブファンドの場合、ファンドマネージャーの人件費というコストがかかっている分、手数料も割高になります。

スマートベータ運用やインデックス運用でも、ファンドマネージャーは存在します。しかし、彼らの仕事はアクティブファンドのファンドマネージャーのように、製造業の工場見学で海外に行ったり、経営陣にインタビューしたりといったことはやりません。運用方針に忠実な運用を実現する管理者の側面が強いのです。

以前「10年後に食える仕事、食えない仕事」というベストセラーがありました。アクティブファンドのファンドマネージャーは、10年後には果たしてどうなっているのでしょうか？

金融のイノベーションは、予想もしない形で私たちの働き方さえ変えてしまう可能性を持っているのです。

始める前の心構え

マインドセット2　経営者視点で考える

29

3

マインドセット

環境変化に柔軟に対応する

> **情報収集で環境変化に対応する**
>
> 過去の延長線上に未来があるとは限らない。
> 投資では変えるべきことと変えるべきではないことを
> 冷静に見極めることが重要。

　投資の基本は変わりません。しかし、マーケット環境の変化が起これば、それと共に変えていかなければならないこともあります。環境が変われば投資手法も変えていく必要があるのです。

　例えば、個人投資家の資産運用の基本となる商品は、10年以上前は日本株式の個別銘柄が中心でした。ところが、この数年は投資信託を中心に資産運用を行う人が増え、日本株式だけではなく外貨にも投資するのが当たり前になりつつあります。さらに、今後は国内の投資信託ではなく、海外のETFに直接投資をして、低コストのグローバル分散投資を行う動きが出てきています。

　このように金融マーケットのイノベーションによって投資環境が変わり、それによって今までベストだと思われていた投資方法が陳腐化していくことは珍しくありません。

経済環境の変化がマーケットを変えていく

　21世紀に入り、リーマンショックや欧州危機のような市場の大きなイベントが頻繁に発生するようになっています。世界的に金融市場が不安定になってきているのは、偶然ではありません。原因は新興国の発展やインターネットによるグローバル化と考えられます。新興国の経済の脆弱性が世界の市場に影響を与えるようになり、また金融取引のグローバル化が、市場間の連動性を高め、多くの市場が同じ方向に動く傾向を強めています。

投資の基本は変わらない

　このように私たちを取り巻く投資環境には大きな変化が起こっており、それに対応していく必要があります。ただその一方で、これから第2章で紹介していくようなアセットアロケーションや、投資タイミングの分散などは変わることのない資産運用の基本的な考え方です。

本書が対象にしているような長期的な資産形成を目的にしている個人投資家は、短期的な資産価値の変動に一喜一憂するのではなく、10年20年といった長期的な視点から投資を考える習慣をつけるべきです。

長期投資と言いながら多くの個人投資家は、かつての新興国ブームやITバブルのように短期的な視点で値上がりした資産を後追いで購入し、リーマンショックのようなマーケットの急落で資産価値が下落すると、恐怖感から投資をやめてしまったりすることが多いでしょう。

投資とは、割安な時に買って、割高になったら売るようにしないと利益にはつながりません。市場心理に流されるのではなく、冷静に市場の動向に左右されない投資を続ける方が結局はうまくいったりするのです。

■恐怖感
相場が急落するとパニックに陥り、投げ売りしてしまう投資家も多い。過去の急落場面ではそのような傾向が実際に多く見られた。

情報収集で環境変化に対応する

市場の変化を早く知り、それに対応できるようにするためには情報の収集が重要になります。情報収集の原則は、できるだけ早く川上の一次情報を手に入れることです。なぜなら情報の伝播にはタイムラグがあり、多くの人に知られてしまった川下の情報には価値が無くなってしまうからです。

また、目先の相場の動きだけではなく、経済の根底にある大きな変化についても知っておく必要があります。長期的な相場の動きを調べてみることも役に立ちます。金融市場の歴史についてまとめられた書籍などを読むと、大きな流れを知ることができます。変えるべきではないものと変えていくべきもの。2つを使い分けられる冷静さが投資には必要です。

先進国を中心とした20世紀の資本主義経済は、21世紀に入り、新興国を含む新しい枠組みになりました。グローバルな経済成長はこれからも続き、フロンティアマーケットと言われるような新興国に続く、新しい国の発展も期待できます。

最新の情報を収集・分析し、そのような市場環境の変化に迅速に対応することが、これからますます重要になっていきます。

■フロンティアマーケット
新興国に続き発展が期待される国々の総称。アフリカ、アジア、中東などに多い（96ページ）。

4

マインドセット

自分の頭で考え、最終判断する

> **資産を危険から守る大原則**
>
> 仕組みがわからない「ブラックボックス」商品は避ける。
> 自分が理解できるものを組み合わせるだけで
> 資産を殖やすことができる。

　金融詐欺はいつの時代にも存在します。表1-2は日本でこれまでに発生した主な金融詐欺事件をまとめたものです。このような事件に巻き込まれてしまうのは、金融商品に対する基本的なマインドセットを持たないことが原因です。

■表1-2　主な金融詐欺事件の例

発覚年	当事者	被害額・人数	概要
1997	KCC（経済革命倶楽部）	350億円 1万2000人	マルチ商法だが、後続の会員を1人だけ殖やすという仕組みが無限連鎖講の対象にならず、詐欺罪として立件された。
1997	ココ山岡	420億円 1万2000人	普通のダイヤモンドを高級品と偽って契約・購入させていた。
2007	L&G（Ladies & Gentlemen）円天	1000億円 5万人	10万円以上を預け入れて会員になることで、1年ごとに預金額と同額の円天を受け取れる。円天は円天市場で使用可能だが、店舗数の少なさ、購入単位の大きさで利用しやすいものではなかった。
2007	ワールドオーシャンファーム	850億円 3万5000人	フィリピン国内のエビ養殖事業に投資することで、1年で倍の配当を出すと資金を集めたが、実際は養殖事業は行っていなかった。
2011	安愚楽牧場	4200億円以上 7万3000人	和牛の子牛の飼育に出資することで成牛となって売買されたときに高額な配当を得られるという和牛預託商法。関係者が集めた金を牛の飼育に使わず不動産投資などに使っていた。
2013	MRIインターナショナル	1365億円 8700人	診療報酬を保険会社に請求できる権利を債権化した金融商品（MARS）を米国で扱い、高金利で資金を運用できると宣伝。富裕層を中心に大金を集めたが、運用の実態はなく1300億円以上が消失。

（出所）『貯金が1000万円になったら資産運用を考えなさい』
（ディスカヴァー・トゥエンティワン）より抜粋

「ブラックボックス」には手を出さない

　金融の世界で失敗しないために必要なことは、自分の頭で考えて、理解できないものには手を出さないということです。

32　　第1章　資産設計を始める前の7つのマインドセット

投資商品には収益を上げるための戦略があります。ところが中には、どこにリスクがあってどのようにして収益を得られるのかわからない「ブラックボックス」化した商品があります。このような商品は、自分で納得できる投資判断ができません。仕組みがわからない商品は自分で投資判断ができないわけですから、手を出さないのが原則です。

プロであれアマチュアであれ、多くの詐欺に共通するのは、自分が理解できないけど何となく儲かりそうな話に引っかかっているということです。投資する前に投資対象の中身をきちんと理解し、わからないことは無理をしてやらなければこの手の被害に遭うことはなくなります。資産設計においては、自分が理解できない商品には手を出さないというのが鉄則なのです。

やってはいけない「横並び」

■横並び
人がうまくいったのを見て、真似をすると、相場の後追いになって失敗することが多い。

横並び感覚で決めてしまうことも避けなければなりません。他の投資家もやっているから、あるいは投資商品の人気ランキングを見て、というのは合理的な判断ではありません。なぜなら投資とは多数決で決まるものではないからです。むしろ、多くの人とは違った判断の方が、投資の成果につながったりすることが多いのです。「みんなと同じ」というのは投資の世界では逆にリスクになることがあります。また、100％正しいという意思決定はありません。どの投資判断にも不確実性がいつも伴っています。確率の高いと思う方法を自分の意志で選択する必要があるのです。

自分の頭で考える

自分の頭で考えるためには、投資の知識を常にアップデートし、そしていつでも相談できる信頼のおけるパートナーを持つことが必要です。どちらもすぐに手に入るものではありませんが、長期で資産運用を続けていくためには常に意識しておきましょう。

■金融詐欺
金融商品には、高金利、元本保証、いつでも換金自由といった完璧な商品はあり得ない。もしあるのなら業者は自分だけの秘密にしておくはずで、人を勧誘したりする必要はないはずだ。

金融詐欺のような犯罪だけではなく、金融市場には多くの合法的なワナもあります。そのようなワナに引っかからないためには、わからない投資はやらない、理解しないうちに意思決定はしない、という原則を守ることが大切です。

金融機関の店頭で勧められるままに投資を始めてしまうような人は、特に注意が必要です。

5

マインドセット

資産運用の本当の目的を考える

> **真の目的に集中**
>
> 必要な資産を手に入れるという目的の達成のために
> 最も効果的なことに時間をかける。
> 面白い投資ではなく、目標達成のための投資をすべき。

　資産運用の本来の役割は、人生の目標達成に必要なお金を手に入れることです。ところが、本来目標達成のための手段であるべき資産運用自体がいつの間にか目的になってしまっている人が個人投資家には多いのです。

資産運用の目的は楽しむことではない

　例えば、日本株の個別銘柄に投資をしている人の中には、資産を殖やすために始めたのに、いつしか自分の好きな会社の株価を調べ、チャートを調べ、投資先を決定する楽しみに目的が変わってしまっている人がいます。確かに、自分で選んだ銘柄を買うときのワクワクした気分は、投資家であるという実感が得られ、気持ちの良いものです。

　あるいは、株主優待の商品から投資する銘柄を選んでいる人もいます。たとえ優待品が手に入っても、株価が下落してしまえば経済合理的には意味の無い行動になってしまいます。優待品を選ぶことが楽しく、投資が株主優待目当てになってしまっているのです。

　第2章で説明するように、投資の成果の約8割は資産配分で決まるとされています。資産配分を決めることが投資の成果に大きな影響があるのです。本書が提供する資産設計の中心は「どの株を買うか」や「いつ買うか」ではなく、「どの資産にどれくらい配分するか」です。投資の目的が運用成果を上げて必要な資産を手に入れることにあるとすれば、その目的に一番効果があることを実践すべきです。

投資の費用対効果を意識する

　運用による利益とそれにかかった時間から資産運用の時給を計算してみると、自分の運用の効率性が見えてきます。投資判断をするのに情報収集や分析に100時間かけても、10万円の成果しか

34　第1章　資産設計を始める前の7つのマインドセット

■時給
ビジネスパーソンの時給は年収を労働時間で割れば計算できる。年間2,000時間働くとして年収500万円なら時給2,500円。

■株主優待
ほぼ株主優待だけで生活する投資家、桐谷広人さんの影響で投資家初心者の間では株主優待ブームが起きている。しかし、せっかく優待品をもらっても、それ以上の損失を出していたら意味がない。

なかったとすれば時給はわずか1,000円です。しかもこの時給はアルバイトの収入のように確実に得られるものではなく、リスクを取った見返りとしてのリターンです。だとすれば、同じ時給の仕事で稼いだ方が良かったという見方もできます。

また、資産運用においては運用資産がリターンの実額に大きく影響します。例えば、10万円で5%のリターンをあげても、5千円にすぎませんが、10億円で5%であれば5千万円になります。リターンを10倍にすることは無理ですが、元本を10倍にすれば同じ投資成果でも効率は10倍になるのです。そう考えれば、時間をかけて自分で情報収集、分析をして判断するようなアクティブ運用を行うのは、ある程度の資産金額にならなければ、効率性からは意味が無いということもできます。

このように資産運用は、費用対効果を常に意識することが重要です。

金融資産の運用はインデックスが基本

投資の方法には、インデックス運用とアクティブ運用の2つの方法があります。自分で銘柄を選んだり、ファンドマネージャーが選んだ銘柄に投資するのがアクティブ運用ですが、過去のデータで見る限り、アクティブ運用の運用成果はインデックスに比べ高いとは言えないようです（57ページ）。

アクティブファンドの場合、ファンドマネージャーの人件費などが反映して運用コストは高くなりますが、インデックスファンドより高い運用成績を残しているものは半分程度に過ぎません。

また自分で銘柄選択をしてアクティブ運用を行うことになると、コストだけではなく、時間と手間もかかってきます。それに見合った追加の収益が期待できればやる価値がありますが、報われないケースが殆どです。

マネー誌などには成功者の実例が報告されていますが、成功した人だけが紹介されているだけの話です。大多数の人は結果に結びついていません。

資産運用は時間やコストを最低限に抑えながら、最大のリターンを実現できる方法を考えて実践すべきなのです。

6

マインドセット

長期で続けられる仕組みを持つ

> **ストレスに対処する仕組み**
>
> 負荷をかけないで続けられる仕組みを作ることが重要。
> リスクの取りすぎは損失に耐えられなくなるリスクがある。
> 仲間を作ることも続けるインセンティブになる。

　長期で投資を続けるためには、それが負担なく続けられる仕組みを作ることが大切です。投資を始める時にはやる気満々で続けるつもりでいたとしても、自分の生活環境やライフスタイルが変化すれば、続けられなくなってしまうケースが出てきます。環境の変化があったとしても、関係なく続けられる方法を確立しておく必要があります。そのためには、平常時だけではなく、ハードルが出てきた時であっても、やめないでいられるようにしておかなければなりません。ストレスがかかったとしても続けられる仕組みを準備しておくことです。

資産運用の成果が上がらないストレス

　資産運用を続けていく際に発生するストレスには、2つがあります。1つは思った通りの成果が上がらないストレス、もう1つは、続けているうちに資産運用自体が面倒になってしまうことによるストレスです。

　資産運用とはリスクを取って運用するわけですから、常に自分の思った通りにリターンが実現できるとは限りません。リーマンショックのような市場の急激な変動が起これば、資産残高はマイナスになってしまうこともあり得るのです。

　しかし、もしマイナスになったとしてもそれが自分にとって許容できる範囲であれば、資産運用を続けることができます。過去に投資に失敗してやめてしまったという個人投資家に共通の原因は、リスクの取りすぎで損失が自分の耐えられるレベル（リスク許容度135ページ）を超えてしまったことです。損失が広がりすぎてストレスに耐えきれなくなると資産運用自体をやめてしまうのです。このような失敗を避けるためには、自分にとってストレスのかからないレベルまでリスクをコントロールすることしかありません。

損失が発生している状態というのは、相場環境が低迷している時でもあります。このような状況は資産運用をやめるべきではなく、むしろ資産を安く買うことができる機会と考えることが大切です。しかし、そのような投資行動ができるためには、自分の資産が損失を出したとしても、一定の範囲内に留まっていなければなりません。

続けるためのストレス

資産運用におけるもう1つのストレスは、続けるストレスです。運用を始めるのは簡単でも、続けるのは簡単ではありません。多くの個人投資家は、投資を始めても途中で面倒になってしまい、ほったらかしにしたり、やめてしまうことが多いのです。

そうならないためには、手間がかからない方法を工夫することで、面倒くさくなってやめてしまわないような工夫が必要です。そして日常生活の中に資産設計を組み入れていくことです。

例えば、資産管理シートのような自分の資産を一覧できるものを作成する。定期的に同じフォーマットで記録をしていく習慣をつければ、面倒くさくなってやめてしまうことは減っていきます。できるだけシンプルに時間のかからない方法を作っておくことがポイントです。

資産管理シートを使った自分の資産全体のチェックは、3カ月に1回で充分です。慣れれば1回30分もあれば作成できるようになりますので、年間わずか2時間もあれば最低限の資産運用を継続できるようになります。

また続けるためには楽しくする工夫も重要です。ランニングやトライアスロンといったスポーツでも仲間がいると続けるインセンティブになります。資産運用でも同じように投資を続ける仲間が見つけられれば、挫折することは少なくなるでしょう。ツイッター、フェイスブックといったソーシャルメディアを使ってつながりを作ることもできますし、個人投資家が集まって、資産運用について語り合える機会も増えています。

資産運用に限らず、続けるために必要なことは、負荷をかけすぎ無いことです。そして毎日続けられるような習慣にしてしまう。そうすることで自分に合った快適な方法を見つけ出し、長期で続けられる環境を作り出すことができるのです。

■資産管理シート
記録する習慣をつけると続けやすくなるのは「レコーディングダイエット」など、どの分野にも共通する。

マインドセット6　長期で続けられる仕組みを持つ　37

7 マインドセット 常に自分自身を成長させる

> **自己成長とメンター**
> 投資の知識は常に新しい知識が必要。
> 自分の情報感度やスキルを成長させ続けることが、
> 資産の長期的な成長にもつながる。

　資産運用に必要な知識というのは、オーソドックスで不変のものと、環境によって変わっていくものの2つがあります。
　例えば、投資対象を分散する、長期で考える、投資タイミングは考えないといった考え方は、市場環境にかかわらず、変わらない資産運用の基本ということができます。

投資環境も自分自身も変化する

　一方で、経済の環境や金融マーケットの変化によって、変わっていくこともあります。個人投資家向けの金融商品は新しいものが次々に登場します。その中には投資商品として積極的に取り入れるべきものもありますが、買ってはいけない投資商品というのも存在します。商品そのものに問題がある場合は論外ですが、良い商品であっても自分に向いていない場合や、組み入れる比率について注意しなければならないケースも出てきます。
　分散投資が基本だとわかっていても、実際にどのような比率でそれらの商品を組み入れていったら良いかは、新しい商品に対する勉強なしにはわかりません。
　また、資産配分はアセットクラス（株、債券といった資産の種類）間の相関係数を見ながら考えていくわけですが、相関係数もマーケット環境の変化と共に変わっていきます。
　さらに自分がリスクをどこまで取ることができるか（リスク許容度）も年齢やライフスタイルの変化によって変わっていきます。
　資産配分をどのようにして、資産全体のリスクをコントロールするのか。これは一度決めたら不変ではなく、毎年見直しをして必要があれば変えていかなければならないものなのです。そのような変化に対応していくためには、過去の経験や知識に頼るだけではなく、常に新しい知識や情報をインプットして自分を成長させていくことが重要になるのです。

■図1-4　資産設計における成長プロセス

❶ 探索	❷ 模倣	❸ 自立	❹ 支援
セミナー、勉強会、ブログ、書籍などでメンターを見つける	良いと思うことを模倣してみる	自分のスタイルを確立する	自分が人のメンターになる

自己成長は情報収集から

　資産運用に関する知識を深め、自分を成長させるためには、まず情報を集めることです。セミナーに参加する、本を読む、目標となる人を見つけてブログを読んでみる、投資家同士で情報交換をする、など様々な方法があります。

　注意すべきことは、自分のスタイルに合った、意味のある手法を活用することです。自分の資産運用の目標に合った、長い間続けていけそうな方法でなければ、途中でやめてしまうことになり、無駄になってしまいます。

模倣から自分のスタイルを確立する

　資産運用を自己流で始めるのは、おススメできません。スポーツや勉強と同じように、資産運用にも確立された手法があります。それを学ばないのは勿体ないことなのです。

　学ぶための一番の方法は、本やセミナーで学んだことをマネしてみることです。資産運用のメンター（師匠）と思えるような人がいれば、その人のやり方でも良いでしょう。人と同じやり方で始めれば、その中から、徐々に自分のスタイルが見えてきます。

　私の友人で投資のメンターを見つけ、ゼロからのスタートで大きな成功を収めた人がいます。最初はメンターのマネをしながら、そして時にはその人に相談しながら徐々に自分のスタイルを確立していきました。おそらく自分ひとりなら、投資を始めることすらできなかったかもしれません。

　学んだやり方を続けていくうちに、自分のオリジナルな投資の方法が確立できたら、今度は自分がメンターになる番です。模倣から始めて自己成長したら、それを次の世代に伝えていく。このようにして個人投資家は自己成長を続けることができるのです。

■資産の成長と自己成長は表裏一体
自分が成長すれば、それに伴う知識や情報を資産運用にも活用することができる。つまり、自分の成長と資産の成長は車の両輪のようなパラレルな関係になっている。資産運用は自己成長なくして成功することはできない。

■メンター
メンターを作るというのは、困ったときに相談できる相手がいると心強く、継続する力になるということであって、その人を妄信したり言いなりになるということではない。信用できる人に限らないと、詐欺師のような人にだまされてしまうかもしれない。投資判断とはあくまで自分自身でするものと常に肝に銘じておく。

マインドセット7　常に自分自身を成長させる

39

第1章のまとめ

マインドセット1　まず「人生の目標」を設定する

目標と達成時期を数値化して設定すれば、意欲がより高まる。
定年後の老後資金の目標は、まず2千万円を目安にスタート。

マインドセット2　経営者視点で考える

企業経営と同じ視点で資産設計を考えてみる。
個人投資家は自己資金の運用を決定する「お金の経営者」。

マインドセット3　環境変化に柔軟に対応する

変えてはいけない基本を守りながら、変化には柔軟に対応する。
常にアンテナをはり、情報感度を高めておく。

マインドセット4　自分の頭で考え、最終判断する

自分がわからない商品にはきちんとわかるまで手を出さない。
投資判断はあくまで自己責任。自分の頭で考え決定する。

マインドセット5　資産運用の本当の目的を考える

やって楽しいことではなく、目標達成に必要な投資に集中する。
時間は有限なもの。費用対効果を意識する。

マインドセット6　長期で続けられる仕組みを持つ

途中でやめてしまうのは運用に対するストレスが原因。
ストレスに感じないようリスクを抑えて仕組みを工夫する。

マインドセット7　常に自分自身を成長させる

常に向上心を持って投資のスキルアップを心掛けよう。
気の合う投資の仲間や師匠など、メンターを作るのも良い。

第 ② 章

資産を殖やす
7つのセオリー

資産運用でお金を殖やすには、ただやみくも
に投資してもうまくはいきません。ある程度
実証的な投資理論にそって戦略を立てること
が必要になります。第2章では、資産設計に
必要な、リスク・リターンの意味、分散投資
の効果、長期投資の効用、時間分散といった
基本的な投資理論を、過去のマーケットデー
タを交えて検証しながら学んでいきます。な
ぜ分散が必要なのか、短期投資では何がまず
いのか、といったことを自分で理解しておく
ことで、計画的な運用を自信を持ってできる
ようになります。

資産設計塾［理論編］

1

セオリー

リターンより
リスクから考える

> **投資の基本はリスクとリターン**
>
> 資産運用でまず考えるべきことはリターンではなくリスク。最悪の場合、どこまでのマイナスになるかを想定しておくことで、相場の下落時にも冷静に対応できる。

投資においては、リスクとリターンの両方を意識する必要がありますが、リターンを考える人は多くても、リスクから考える人は殆どいません。しかしリターンよりもまずはリスクを考える方が、成功の可能性を高めることができるのです。

高いリターンを望むなら
リスクも大きくなる

リスクを高い、低いの2通り、リターンも高い、低いの2通りに単純化してみると、4通りの組み合わせが考えられます（図2-1）。その中で投資すべきなのは、「ハイリスク・ハイリターン」か「ローリスク・ローリターン」の2つの場合だけなのです。

ハイリスク・ローリターン（右下）とは、リスクを取っても、報われない取引です。手数料が高く、リターンが期待できないような金融商品がこれにあたります。せっかくリスクを取っても報われず、投資家がカモにされてしまう商品です。

例えば、大手銀行で取り扱っている外貨預金は、金利が優遇されていても、為替手数料が高く、手取りで利回り計算してみると、表面利回りを大きく下回ることが珍しくありません。リスクは投資家が取り、リターンは銀行が取っている状態です。

ローリスク・ハイリターン（左上）とは「1年で確実に2倍」といった、リスクが無いのに高いリターンが実現する商品です。残念ながら、世の中にはそのような都合の良い商品は存在しません。

ローリスク・ハイリターンをセールスポイントとする商品は金融詐欺商品です。「買えば絶対に値上がりする」「最低○○％のリターンを保証する」といった甘い勧誘に騙されて被害に遭う投資家が後を絶ちません。そんなうまい話は金融の世界には存在しないのです。

■図2-1　金融商品のリスクとリターンのイメージ

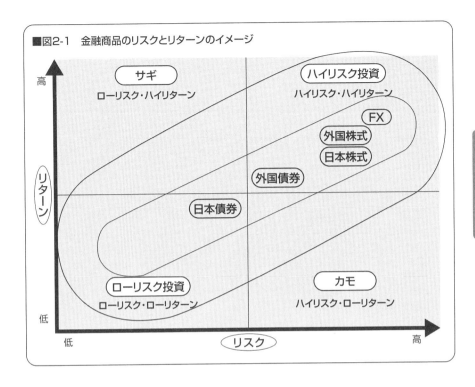

- ハイリスク・ハイリターン…自分で判断する投資
- ローリスク・ローリターン…自分で判断する投資
- ハイリスク・ローリターン…報われない投資（カモ）
- ローリスク・ハイリターン…存在しない投資（サギ）

資産によってリスクは異なる

　リスクはアセットクラス（資産の種類）によって異なります。アセットクラスの分散方法は第4章（142ページ）でくわしく説明しますが、株式型資産や外貨建資産は一般にリスクが高くなります。表2-1はそれぞれの市場の平均値であるインデックスデータを使って、資産の種類別に1970年から2014年の45年間について値動きを計算したものです。これを見ると日本株式の最大上昇率は107.9％、最大損失率は－45.4％で最もブレが大きくなっています。これは日本株に投資していたら、最悪の場合1年間で資産が約45％減ってしまったことを示しています。

■リスク
一般には「危険」といった意味で使われるが、金融の世界では「将来の不確実性」のこと。株や債券など資産のリスクはその資産価格の変動率（ボラティリティ）で表すことができる。

■最大損失
インデックスで計算した数値であり、個別銘柄投資など実際の投資を行う場合はさらにリスクが大きくなる可能性がある。

セオリー1　リターンよりリスクから考える　43

■表2-1　アセットクラス毎の過去データ

アセットクラス	平均	最高	最低	リスク（標準偏差）	標準偏差×2
流動性資産	3.7%	13.5%	0.0%	3.7%	7.4%
日本株式	9.0%	107.9%	−45.4%	24.5%	49.0%
日本債券	5.8%	19.3%	−6.2%	5.1%	10.2%
外国株式	9.6%	65.7%	−52.6%	20.9%	41.8%
外国債券	4.4%	39.8%	−25.9%	12.6%	25.2%

※データ期間：1970年〜2014年の45年間
※インデックスを使用し月次リターンを用いたローリングリターンで計算。リターンは年率平均

Copyright © 2015 イボットソン・アソシエイツ・ジャパン株式会社

「ゲームオーバー」を避ける方法を考える

　資産設計を長期で継続するためには、大きく負けないことが重要です。例えば、一社の株式に全資産を注ぎ込んだ場合、その会社の株価がゼロになれば資産の価値はゼロになってしまいます。

　そこまで大きなダメージでなくても、例えば資産が一定以上のマイナスになってしまった場合、その後継続して資産運用するのをやめてしまう可能性が高いのです（図2-2）。

　投資で失敗した個人投資家の殆どは、特定の投資対象にリスクを集中させて大きな損失が出た時点で市場から撤退しているのが現実です。途中で「*ゲームオーバー」にならないためには、資産の変動をどうやって抑えるのかを考える必要があります。

■ゲームオーバー
資産運用という「ゲーム」は一旦終わると再開するのは容易ではない。

　もちろんリスクを取らなければリターンはありませんが、どこまでリスクを取るかについては慎重に検討する必要があるということです。その場合の判断材料になるのが「最悪の場合どうなるか」というシナリオです。つまり**最悪の場合でもゲームオーバーにならないようにリスクをコントロールする**ということです。

リスク回避の最善の策は「分散」

■市場リスクと非市場リスク
株式のトータルリスクは、市場全体の動きに連動する市場リスク（システマティック・リスク）と、各銘柄に固有の非市場リスク（アンシステマティック・リスク）に分解できる。後者は銘柄分散によって消去可能である。

　リスクコントロールには「分散」が有効です。銘柄分散によって個々の銘柄の持つ固有のリスクを減らし、*市場リスクの水準に近づけることができます。株式投資の場合、10〜20銘柄程度まで銘柄を増やせば充分な分散効果があります。逆に言えば、株式投資をするのなら、ある程度の銘柄分散を行わないと、インデックスよりも大きなリスクが発生するということです。

　リスクをコントロールするための投資対象の分散を行う場合、

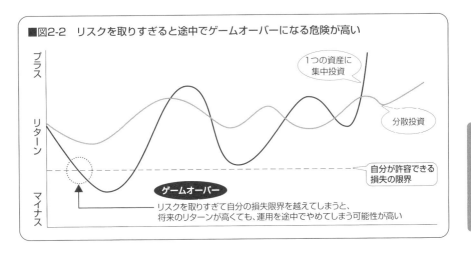

■図2-2　リスクを取りすぎると途中でゲームオーバーになる危険が高い

日本株だけではなく、外貨、不動産、債券といった**リスクの異なる金融商品を組み合わせるアセットアロケーション**が有効です。

　資産運用を具体的に始めるときには、もし失敗したらどこまでやられる可能性があるのかを考えてみることです。もし耐えられないと思うのならそれはリスクの取りすぎであり、リスクの低い投資方法に変える必要があります。そこで参考になるのが**過去のデータ**です。過去データから変動率を計算してみると、その資産のリスクを推定することが可能になります。

　表2-1のように資産ごとの標準偏差を計算すると、その2倍程度の資産の変動の可能性があることがわかります。つまり**標準偏差の2倍程度の資産変動はあり得るもの**として、リスクのコントロールを考えるべきです。

　リーマンショックのようなマーケットの混乱時においては市場がパニック状態となり、標準偏差の2倍を超える変動が起こることがあります。また、そもそも現実の資産変動は正規分布で近似させるのは適切とは言えないという指摘もあります。どこまでの相場変動を想定するかは難しい判断ですが、稀に発生する市場の混乱まですべて回避しようとすれば、今度はリスクをまったく取れなくなってしまいます。混乱時のマーケット変動は、例外的なものと考えるのが現実的です。

2 セオリー アセットアロケーションから決めていく

> **資産配分の重要性**
>
> 投資の成果の約8割は、
> 資産配分（アセットアロケーション）によって決まる。
> 銘柄選択や投資タイミングより圧倒的に重要。

投資成果を決定する3つの要素

　資産運用のリターンが何によってもたらされたか、という要因分析をしてみると、**アセットアロケーション**、**銘柄選択**、そして**投資タイミング**という大きく3つに分類されます（図2-3）。その中で最も重視すべきなのはアセットアロケーションです。

　1986年に発表された「Determinants of Portfolio Performance」（ポートフォリオ・パフォーマンスの決定要因）という論文は、米国の年金運用データを分析しました。そして、分散投資が行われているポートフォリオでは、アセットアロケーションがリターンの93.6%を決定するという結果が出されました。

　また、米国のバンガード社は、1962年から2001年の間の少なくとも5年以上のリターン実績を持つ、420のアクティブ運用のバランス型ファンドを対象に、リターンがどの要因によってもたらされているかを分析しました。その結果、3つの要因のうち「アセットアロケーションの違い」が月次リターンの差異の77%を占める、という結果になりました。

　アセットアロケーションが月次リターンの差異の77%ということは、例えばバランス型のAファンドとBファンドの運用リターンに1%の差があった場合、そのうちの0.77%はアセットアロケーションの違いから説明できるということです。銘柄の違いや投資タイミングによる差は、0.2%程度にすぎないということになります。資産運用においては、銘柄選択や投資タイミングよりもアセットアロケーション（資産配分）が圧倒的に重要だということです。

どの株をいつ買うかより「何にどれだけ配分するか」

　これらは米国での調査結果ですが、各国の実証研究でも同様の結果が出ています。とすれば、長期の資産設計においては、まず

■図2-3 運用成果を決定する3要素

アセットアロケーション	銘柄選択	投資タイミング
どの資産にどれだけ投資するか配分を決めること	どの株や債券に投資するか銘柄を選ぶこと	買い時・売り時のタイミングを測ること

はアセットアロケーションを慎重に決定し、その上で銘柄選択や投資のタイミングに時間を割くべきだということになります。

ところが、殆どの個人投資家は「どの銘柄を買うか」や「安く買えるのはいつか」ばかりに時間を費やしたために、思った通りの投資成果を実現できないのが現実です。銘柄選択や投資のタイミングは個人投資家にとっては楽しい投資ですが、時間の割には成果に結びつきにくいからです。アセットアロケーションこそが、投資の成果に直結する重要な要因なのです。

年金基金のような機関投資家にとっては当たり前の*アセットアロケーションを意識した資産運用が個人投資家にはあまり浸透していないことは大きな問題です。

アセットアロケーションは、幕の内弁当に例えてみるとわかりやすいでしょう。幕の内弁当は、ご飯に肉や魚、サラダや漬物といったおかずが盛り込まれていますが、一番重要なことは、ご飯とおかずの比率です。これが資産運用のアセットアロケーションと同じで、それぞれの具材のバランスが良くないと、美味しく食べられないのです。

配分比率が決まった上で、ご飯を白米にするか炊き込みご飯にするか、あるいは肉を鶏肉にするか牛肉にするかを決めていく。これは、資産運用で言えば、銘柄選択に当たるプロセスです。

アセットアロケーションで資産運用をしていくということは、美味しい幕の内弁当を作る作業と同じです。配分比率をどうするかがおかずの種類よりもずっと重要だということです。

■バンガード社
インデックスファンドやETFの運用で知られる米国の資産運用会社。

■特に長期で資産運用を行う年金資金などでは、アセットアロケーションの決定に大きな時間と労力を割いている。

セオリー2 アセットアロケーションから決めていく　47

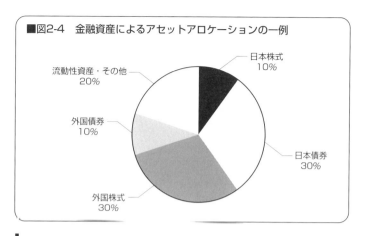

アセットアロケーションに正解は無い

　アセットアロケーションが重要だとわかったとしても実際にどのような配分にしたら良いのかについては、専門家でも意見が分かれます。

　結論から言えば**アセットアロケーションに正解はありません**。リスクを抑えながらリターンを追求するのがその目的ですが、どこまでのリスクを取るのかは人によって異なるからです。また将来のリスクリターンによってどの方法が良いかは変わってきます。

　大切なことは**自分の資産運用の目的に合った配分比率を考える**ことです。アセットアロケーションは画一化されたものではなく、1人ひとりのお金との関係によって異なるもの。本来は、オーダーメイドで作成すべきものなのです。

　高いリターンを実現しようとすれば、リスクも大きく取る必要があります。一方でアセットアロケーションの決定には、最大損失がどのくらいになるのかを知る必要があります。自分が耐えられるリスクの中で最も効率的にリターンを狙えるような配分比率を考えるべきなのです。とは言っても、最初から自分のオリジナルな方法を実践するのは困難です。そこで、まずは典型的な配分例を参考にしながら、リスクを抑えながら始めていくのが良いでしょう。上記のアセットアロケーションのような方法でまず始めてみて、徐々に自分に合ったアセットアロケーションを見つけていけば良いのです。アセットアロケーションの具体的な方法に関しては第4章で詳しく説明します。

■オーダーメイドアセットアロケーションは金融の専門家に有料のコンサルティングを受けながら作成していくのが良い。

column

アセットアロケーションを自分でやらない方法

アセットアロケーションが重要、と言われても、自分に合った具体的な配分方法がすぐに浮かんでこないと思います。実は投資の専門家と言われる人たちでも、自分の資産をアセットアロケーションの考え方に基づいて運用している人はあまりいないのです。

手軽にできる
おまかせ分散投資

アセットアロケーションを自分で考えることができない、という時に便利なのが、バランス型ファンドです。バランス型ファンドとは株式、債券、外貨、不動産というように様々な資産が組み入れられているファンドです。1つのファンドを購入するだけで分散投資を自動的に実践することができます。

バランスファンドは大手ネット証券なら1,000円程度から購入でき積立も可能です。ただし、バランス型ファンドといっても分散の方法にはファンド間でかなりの違いがありますから、中身をしっかり確認することが大切です。

例えば、日本株と不動産（REIT）、それに外国債券に3分割して投資するバランス型ファンドがあります。このファンドは、高いリターンを狙い、為替リスク、株価リスクが高くなっています。資産配分の観点からは、国内債券を組み合わせて、リスクを下げる必要があります。し

かし、バランス型ファンドとは、そもそも資産配分をファンドにやってもらえるところに価値があるわけですから、このようなファンドには利用価値があるとは思えません。

また、バランス型ファンドはアセットアロケーションをファンドに任せるため、正しいファンドを選べば便利になりますが、一方で自分に合ったテーラーメイドの資産配分はできなくなります。

慣れてきたら自分で
組み合わせを考えてみる

バランス型ファンドはスーツで言えば既製服です。種類もそれなりにあって手軽に選べ、コストも安く済みます。しかし運用の経験を積んだ、資産運用の上級者にはオーダーメイドの資産運用が必要になってきますから、既製品では物足りなくなってくるはずです。

入門商品としての存在価値はありますが、いつかは卒業して次のレベルに向かうことが、特に本書を読んでいるような意識の高い個人投資家には大切なことだと思います。

資産運用は極めて個別性の強いものです。バランス型ファンドを否定はしませんが、最終ゴールは自分に合ったアセットアロケーションを自分で考え、自分で運用することです。

運用のための基本理論

セオリー2　アセットアロケーションから決めていく　49

セオリー3 長期と短期の2つの視点を持つ

運用期間とリスクの関係

過去データによれば、運用期間が長くなると1年あたりの投資リターンのブレが抑えられることがわかる。
投資は長期と短期の2つの視点によって成果を高められる。

長期運用は資産価格の上昇を前提としている

10年、20年といった長期の資産の動きを検証してみると、資産価格が多くの市場で上昇していることがわかります。図2-5は、主な市場の債券や株式の価格の推移を指数化したものです。短期的な変動はありますが、長期では右肩上がりになっていることがわかります。ブラックマンデー(1987年)、リーマンショック(2008年)といった金融の世界でのイベントは一時的に資産価格を急落させることがありますが、そのような下落を含めても資産を長期で保有することには収益の機会があると言えるでしょう。これは、経済成長によって新しい価値が生まれ、その価値の一部が投資によってリスクを取っている投資家のリターンに反映されているためと考えることができます。

長期運用で常にプラスのリターンが実現するとは限らない

図2-6は1970年から2014年までの各資産の月次のリターンを計算し、1年、5年、10年、20年というように期間を決めてリターンを計算したものです。例えば1年なら、最初は1970年1月から12月まで、次は1970年2月から1971年1月まで・・・というように1カ月ずつずらして、その期間の1年のリターンを順番に計算していきます。この計算方法を「ローリングリターン」と言いますが、1年間の投資期間の平均リターンを知ることができます。

この結果を見ると2つのことがわかります。

1つは、期間が長くなればなるほど、年換算のリターンのブレが小さくなることです。例えば、外国株式を見ると、1年では最高リターンが65.7%、最低リターンが−52.6%となりますが、5年ではそれぞれ30.2%と−11.3%、10年では18.5%と−4.1%というよ

■図2-5 伝統的4資産と流動性資産の価格推移

※データ期間：1970年〜2014年の45年間。1969年末を100として指数化
Copyright © 2015 イボットソン・アソシエイツ・ジャパン株式会社

■図2-6 運用期間が長いほど1年あたりのリターンのブレが小さくなる

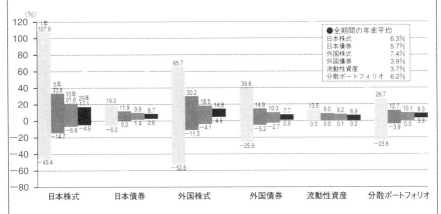

※データ期間：1970年〜2014年の45年間
※インデックスを使用し月次リターンを用いたローリングリターンで計算。年率平均
※分散ポートフォリオの配分は、日本株式：日本債券：外国株式：外国債券：流動性資産＝10：30：30：10：20（％）
　毎月末にリバランスを実施
Copyright © 2015 イボットソン・アソシエイツ・ジャパン株式会社

うに幅が小さくなっていくことがわかります。また最低のリターンのマイナスも小さくなり、20年ではプラスになっています。
　もう1つわかることは、過去の実績は市場によってかなり異なるということです。

セオリー3　長期と短期の2つの視点を持つ　　51

例えば、日本株式の過去平均リターンは全期間で見ると6.3%となっており、これは、外国株式とほぼ同じ水準です。しかし日本株式の場合1989年をピークに、その後20年間は下落傾向が続き、年平均のリターンはマイナスになっていました。

　長期的には資産価値が上昇していくというのが、市場の原則ですが、すべての市場のすべての期間に当てはまるとは限らないことには注意が必要です。

ベータ（β）とアルファ（α）

　市場平均が上昇することによって得られるリターンを**ベータ（β）**と言います。これに対して、市場平均を上回るリターンのことを**アルファ（α）**と言います。

　投資から得られるリターンはこのベータとアルファに分解してとらえることができます。ベータが常にプラスになるわけではありませんが、長期運用とは主にこのベータを狙う運用ということができます。

　ベータを狙う投資はインデックス投資とも呼ばれ、ベータだけではなくアルファも狙う投資は*アクティブ投資と呼ばれます。それぞれの運用方法の特徴は次節のセオリー4で詳しく説明しますが、投資対象や投資期間によって活用すべき運用方法が変わってくることを知っておく必要があります。

■アクティブ投資
株式の個別銘柄投資やアクティブ型のファンドを選択するのが代表的な方法。

　実際に投資を行う際には、投資のリターンはアルファとベータが混在することになります。例えば日本株の銘柄選択を行って投資をする場合、その株が上昇するかどうかは、2つの要因で決まります。1つは日本株全体が上がるか下がるか、そしてもう1つが、その株が他の日本株に対して相対的にどのようなパフォーマンスになるかということです。前者がベータからのリターン、後者がアルファからのリターンです。日本株全体が下がっても、値上がりする株は、ベータのマイナスよりアルファによるプラスが大きいと分析することができます。

　インデックス運用のように、明らかにベータだけを狙う投資であれば別ですが、**投資のリターンをアルファとベータのどちらから狙うのかは投資をする前に考えておく必要があります**。アクティブ運用で良い銘柄を選びアルファが狙えたとしても、市場全体が下落すれば、リターンはマイナスになることもありうるのです。

52　　第2章　資産を殖やす7つのセオリー

column

ピンチはチャンス

投資をしていると、相場が急落するというピンチに遭遇することは珍しくありません。そんな時の対応方法について考えてみました。

迅速な行動と メンタルコントロール

ピンチに陥った時にまず大切なのは、それ以上のピンチを防ぐことです。つまりさらに事態が悪化しないように、早めに対策を講じること。問題から逃げてしまい、曖昧に放置するのではなく、積極的に向き合う勇気が必要です。

また、そのような局面では、弱気になってしまいがちですが、マイナスの気分を変えていくことを考えましょう。辛いことがあると誰でも気が滅入り、投げやりになってしまうものです。

私は、マイナスの状態になったら、自分にとっての成長のチャンスと前向きに考えるようにしています。「厳しい状況でどこまで成果を出せるかが試されている」と考えることで、ピンチをチャンスととらえるのです。見方を変えることで、精神的に随分楽になってきます。

資産運用においてもこれは同じです。下落したタイミングというのは投資家にとってはピンチなのですが、割安な資産に投資して成果を出せるチャンスでもあるのです。

長期的視点で物事をとらえる

ピンチに遭遇した時に考えるべきもう1つの視点は、長期で考えてみるということです。

ピンチになると取り敢えず目先の安全を確保したいというのは、人間の防衛本能として自然な行動とも言えます。

企業経営者が、倒産の危機に直面すれば、長期の経営ビジョンよりも目先の資金繰りに奔走する。そうしなければ、生き残ることはできないからです。

資産運用でも損失が膨らめば運用を続けられなくなる可能性がありますから、恐怖心から目先をどうするかばかり気になるのは当然です。

しかし目先のことだけ考えて会社を経営しても限界に突き当たるように、資産運用でも10年後、20年後を見据えた投資判断を行わなければ、最終的な成功を得ることはできません。

ウォーレン・バフェット氏のような成功している投資家は、リーマンショック、ITバブル崩壊といった市場のピンチを長期的に見て、大きな投資のチャンスととらえることで成功を収めました。

同じ状況であっても、見方によってポジティブにもネガティブにも考えることができる。であれば、どちらの思考方法が良い結果をもたらすかは、明らかです。

運用のための基本理論

4 セオリー

3つの運用方法を使い分ける

> **運用方法の特徴と選択**
>
> 個人投資家が自分で銘柄を選んで市場平均を上回るには高い運用スキルが必要。
> まずはインデックス運用で市場平均を着実に取りにいく。

インデックス運用とアクティブ運用

資産運用の方法は、インデックス運用とアクティブ運用に分類できます（表2-2）。

インデックス運用とは、*インデックス（市場の平均）に連動するような運用方法です。例えば、日経平均は日本株の代表的なインデックスです。これは日本株式の中から日本経済新聞社が225銘柄を選び出し、その平均を指数にしたものです。1つひとつの株の銘柄は上昇、下落バラバラですが、日経平均が1万円だったのが1万1千円になれば、「日本の株は全体的に10％値上がりしたのだな」と知ることができます。このようなインデックスと同じ投資成果を目指す運用が、インデックス運用です。

一方のアクティブ運用とは、**積極的に銘柄選択を行って市場平均より高いリターンを目指す運用**です。自分で銘柄を選ぶ個別株式投資もアクティブ運用になります。

アクティブ運用はインデックス運用に比べコストがかかります。銘柄の調査などを行う必要があるからです。しかしコストを払ってアクティブ運用を実践したとしても、インデックスを上回る投資成果が得られるとは限りません。

市場の効率性を考える

それでは2つの運用方法のどちらを選んだら良いのでしょうか。その基準になるのが「*市場の効率性」です。市場の効率性とは、情報の伝達がどの程度スムースに行われるかを示すものです。

例えば、PER、*PBR、配当利回りといった誰でも知ることができるデータを分析して銘柄選択を行い、市場の平均より高いリターン（超過収益）をあげたとします。これは公開されているデータが株価に正確に反映されていないことを意味します。何らかの

■インデックス
マーケットの動向を表す市場平均の指標を総称してインデックスと呼ぶ。日本株では「日経225」「TOPIX」が代表的。米国株では「ダウ工業株30種平均」「S&P500種株価指数」「ナスダック総合指数」などがあり、ヨーロッパやアジアの市場にもそれぞれインデックスが存在する。

■表2-2　インデックス運用とアクティブ運用の比較

	インデックス運用	アクティブ運用
投資判断者	なし （指標に連動させる）	あり
投資できる商品	インデックスファンド、 ETFなど	アクティブファンド、 株式投資など
リスク	比較的小さい	比較的大きい
運用コスト	比較的小さい	比較的大きい
評価基準	トラッキングエラー ＊	ベンチマーク比 ＊2

＊トラッキングエラー　インデックスと実績値とのズレ。トラッキングエラーが小さい方が良いインデックス運用である。
＊2 ベンチマーク　比較の対象となるインデックス。例えば日本株ファンドであればTOPIXがベンチマークになることが多い。

理由によって市場に情報の歪み（アノマリー）が存在し、超過収益をあげられるような状態は市場が「**非効率**」だからと考えられます。

逆に、公開されている情報から超過収益が得にくいマーケットは「**効率的**」であると言います。公開されている情報がすぐに価格に「織り込まれてしまう」状態では、市場に歪みが発生しにくくアクティブ運用によってリターンを得ることは困難です。

■市場の効率性
金融市場の効率性は一般に高い。その中で日本株式市場の効率性はそれほど高くないと考えられる。

完全に効率的な市場というのは存在せず、多かれ少なかれ市場は非効率なものですが、効率性が高まれば高まるほど、アクティブ運用による優位性は無くなります。

金融市場は、インターネットを始めとするテクノロジーによって効率性が高まり、超過収益を上げることが難しくなっています。アノマリーが存在したとしても、すぐに発見され、超過収益機会が失われてしまうのです。

3つの運用方法のいずれかを選択する

アクティブ運用には、①自分でやるアクティブ運用と、②人に任せるアクティブ運用の2つの方法があります。どちらも市場平均を上回る運用成果を目指すものですが、意思決定を自分がやるか、それともプロ（ファンドマネージャー）に任せるのかという違いがあります。

そしてこの2つのアクティブ運用に、③インデックス運用を加

セオリー4　3つの運用方法を使い分ける　55

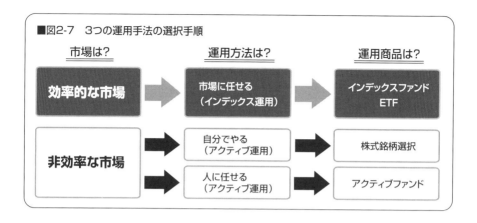

えた3つの中から、運用手法を選んでいくことになります。選択のポイントは、これから投資しようと思っている市場の効率性と、自分の持っている運用のスキルです。表にまとめると、図2-7のようになります。

投資初心者は銘柄選択をやってはいけない

アクティブ運用は誰が運用の意思決定をするかによって、投資の成果が大きく変わってきます。投資初心者がアクティブ運用を行うと、成果に結びつかないケースが多いのですがそれには理由があります（表2-3）。例えば、投資初心者が自分で銘柄選択を行う場合の判断材料は、経営者が優れている、製品が好きだから、有名な会社だから、株式評論家が奨めている、といった心理的にバイアスがかかりやすいものや、株価が安いから、[*]PERが低いから、配当利回りが高いから、といった一元的なものになりがちで

■PER
株価収益率。Price Earnings Ratio。株価と企業の収益力を比較する尺度で、市場平均や業種平均、その企業の過去のPERと比較して判断する。例えば株価が1,000円、EPS（1株あたり利益）が100円なら、PER（株価収益率）は10倍。つまりPERは「株価÷EPS」で導き出せる。

■表2-3　投資初心者の失敗例

銘柄選択方法	失敗する理由
有名な銘柄に投資	既に適正株価になっており、値上がりしにくい
応援したい銘柄に投資	他の人も応援しているので、既に割高なケースがある
専門家がすすめる銘柄に投資	専門家の情報が一般化すると価値がなくなる

す。このような理由だけで銘柄選択を行っても、インデックスを上回る投資の成果を実現することはできません。

投資の初心者がいきなり自分で銘柄選択をして投資することは、免許取りたてのドライバーがいきなりF1レースに参加するようなものです。ビギナーズラックでうまくいくことはあっても、長期的実力が結果に反映されるのです。

実はプロの投資家でもアクティブ運用で成果を上げるのは簡単ではありません。プロでもインデックスを上回るのは半分程度という厳しい現実があります（表2-4）。

■**アクティブ運用**
自分で銘柄を選んで投資すれば、さらにインデックスに勝つのは難しい。

■表2-4　日本株式のアクティブファンドの運用成績

運用期間	ファンド数	インデックスを上回った数	比率
過去1年（2014年）	378	163	43%
過去3年（2012年〜2014年）	342	168	49%
過去5年（2010年〜2014年）	322	174	54%

2014年12月末時点。
※日本販売されている主として国内株式に投資をしている投信（インデックスファンド、DC、SMA専用ファンドを除く）のうち、各3期間のリターンデータが取得可能なものを全体とした。
※対象イボットソン分類：大型割安型、大型ブレンド型、大型成長型、中型割安型、中型ブレンド型、中型成長型、小型割安型、小型ブレンド型、小型成長型、SRI型、地域/グループ型。
※インデックスは配当込みTOPIX。

Copyright © 2015 イボットソン・アソシエイツ・ジャパン株式会社

インデックスをコア、アクティブをサテライトに

ここまでの分析を前提にすれば、金融資産の運用方法としては、インデックス運用を中心にすべきことがわかります。アクティブ運用はインデックス運用を補完する形にするのがオーソドックスな方法です。

中心となる運用資産をコア資産、それを補完する資産をサテライト資産と名付ければ、コア資産にはインデックス運用を活用し、サテライト資産の一部に必要であれば、アクティブ運用を取り入れることになります。

アクティブファンドを使ったり、自分で銘柄選択するのは、金融資産の運用においては脇役にすべきです。主役はあくまでインデックス運用なのです。

セオリー 5 積立投資で時間を分散する

> **ドルコスト平均法の効果と限界**
>
> 時間を分散させれば、感情的に高値で買ってしまう大失敗を防止できる。これから資産を形成していく場合、月次積立を使ってドルコスト平均法を実践するのが良い。

感情的な投資は、高値つかみになりやすい

投資というのは安値で買って高値で売れれば誰でも儲かるものですが、実践するのは簡単ではありません。実際、多くの投資家の行動パターンを見ると、株価が上昇して高値圏になってから株式投資を始め、逆に値下がりしてしまうと、下落が怖くなって様子見になってしまう傾向があります。

あるいは、資産を保有して、一定以上の評価損になると、それ以上の値下がりに耐えきれなくなって、安値圏で投げ売りして損失を確定させてしまう。これではリターンは得られません。

例えば、2000年代半ばの新興国投資ブームの時は、値上がりしている新興国の株式ファンドに大量の資金が流入しました。このように相場が過熱して上昇している時期は慎重に投資すべきですが、楽観的な見通しがマーケットを支配していたのです。逆に、2008年秋のリーマンショックをきっかけに株価が急落し、翌2009年3月には日経平均は7,000円台前半まで下落しました。この時は、過剰なリスク回避の動きが起こっており、投資の絶好のタイミングだったと言えます。しかし、多くの個人投資家はこの急落に精神的に耐えきれず、最悪のタイミングで投資をやめてしまったのです。

ドルコスト平均法の目的は「大失敗の防止」

このように感情的に投資を行うと、高値で買って、安値で売るという失敗を繰り返してしまうことになりがちです。

冷静にマーケットの状況を見極め投資のタイミングをつかむことができる投資家も確かに存在します。例えば、アメリカの著名投資家として名高いウォーレン・バフェット氏は、2000年に発生したITバブルの際、自分には株価の上昇が理解できないとIT企

■図2-8　毎月3万円ずつ買えば、平均購入単価を引き下げられる

買い方	月	1月	2月	3月	合計
毎月3株ずつ購入	株価	10,000円	15,000円	5,000円	
	購入株数	3株	3株	3株	9株
	購入金額	30,000円	45,000円	15,000円	90,000円
毎月3万円ずつ購入	購入株数	3株	2株	6株	11株 ←
	購入金額	30,000円	30,000円	30,000円	90,000円

2株多く
買える！

■ウォーレン・バフェット
ウォーレン・バフェットは個人投資家にはインデックス投資をすすめている。

■ドルコスト平均法
ドルコスト平均法は「すべての投資を一度に行うのではなく、一定金額ずつ積み増していくことで時間の分散を図るリスクの低減方法」と定義することができる。

業への投資を行いませんでした。逆に2008年の金融危機で株価が下落した局面では、株価は割安と判断し、アメリカ株への大胆な投資を実行。その後、大きな利益に結び付けました。しかし、このように株価の割安・割高を冷静に判断し、投資行動に結び付けられる人は極めて稀です。

とすれば、売買のタイミングを考えて失敗するより、タイミングを考えないで時間を分散させる方が、大きな失敗を防ぐことができます。そのような考え方に基づくのが、*ドルコスト平均法を使った投資です。

図2-8は毎月定額で株式を購入した場合と、毎月同じ株数の株式を購入した場合を比較しています。3ヵ月間で投資した金額はどちらも9万円ですが、毎月定額で購入した方が同じ投資金額で2株多く買えていることがわかります。

定額で買付を行うと、2月のように株価が上昇すると購入株数が2株に減少し、逆に株価が下落した3月になると同じ購入金額で購入株数を6株に増やすことができます。

このように定額購入を続ける方法なら、安い時に買おうと意識しなくても、価格が上昇すると少なく、価格が下落すると多く自動的に購入単位を調節することができます。感情的に投資をして、2月の最高値で9万円を投資したら6株しか買えません。定額買付による時間の分散は大失敗を防いでくれるのです。

セオリー5　積立投資で時間を分散する

これから資産形成するなら積立を活用する

これから資産を長期にわたって形成しようと考えている人は、積立を使ってドルコスト平均法を実践していくのが良いでしょう。投資信託なら毎月定額を自動買付するサービスをネット証券などが提供していますので、このようなサービスを活用すれば誰でも少額から始めることができます。

自動で引き落としをして買付をしてくれるので、購入のタイミングを考えなくても定期的に投資を行うことができます。また、冴えない相場環境になると投資に対して消極的になりがちですが、安値で買うチャンスを逃してしまうことにもなりかねません。自動的に買付をすれば、感情的な投資から解放されることができるのです。

■自動積立
証券会社の総合口座を使って、MRFから毎月一定金額を自動的に投資信託の買付に充てるサービス。

ドルコスト平均法は万能な方法ではない

定額で買い付けるこの方法は、ベターな方法と言えますが、ベストの方法とは言えません。図2-8の例で言えば、最安値の3月にすべての資金をすれば9万円で18株購入できることになります。それに比べると、定額購入の平均購入単価は高くなります。

また、せっかく積立を続けたとしても、将来的に上昇する資産でなければ、最終的には利益に結び付けることはできません。今の水準よりも将来価格が上昇しないのであれば、そもそも投資をしない方が良いということになってしまいます。

定額積立が向いている投資対象は、市場の変動率が大きく、かつ長期的には上昇することが期待できる資産です。例えば、新興国の株式市場は、先進国に比べ変動が大きく、タイミングを見て投資をするのが難しいと言えます。しかし今後の上昇を期待するのであれば、新興国株式に投資するインデックスファンドを積立で購入していくのは理にかなった判断と言えるでしょう。

ドルコスト平均法を使った時間分散による積立投資は、メリットと限界をきちんと理解した上で活用することが重要です。

ドルコスト平均法を実践するための投資商品の代表は投資信託（74ページ）です。投資信託が金融商品の中心となるのは、この積立を使ったインデックス運用が毎月1,000円程度から可能だからです。

column

インデックス運用の問題点

インデックス運用は、市場全体の値動きに連動させることでリターンを狙う運用方法です。個人投資家の金融資産運用の中心にすべき運用方法ですが、2つの問題があります。

割高なものが買われてしまう

インデックス運用の構成銘柄は、通常時価総額に応じた比率で組み入れられます。ある会社の株価が上昇すると、時価総額が大きくなりますから、その分インデックスにおける比率も高くなっていきます。値上がりすると、比率がより大きくなっていくということです。たとえ、投機的な資金によって、株価が上昇しているような場合であっても、時価の比率に応じて、その銘柄の組み入れ比率を大きくしなければなりません。つまり、明らかに割高である場合でも、機械的に比率が決定されてしまうのです。

逆に、値下がりして割安になっていると思われる銘柄でも比率は下がっていくことになります。インデックス運用では、値上がりしたものが、より組み入れられ、値下がりしたものは組み入れ比率が下がっていくことになります。

構成銘柄の問題

インデックスのもう1つの問題は、構成銘柄にあります。例えば、TOPIXは日本株式を代表するインデックスですが、対象は東証一部の銘柄だけです。日経平均になると、さらにその中の225銘柄にすぎません。このようなインデックスの動きは、新興市場を含めた日本株全体の動きとは必ずしも一致しません。

また、新興国の株式のインデックスになると、流動性の高い銘柄だけを選んでインデックス構成銘柄としているケースがあります。時価総額が小さく取引量が少ないため、インデックスから除外されているような銘柄が大きく上昇した場合、市場全体にはプラスになりますが、インデックスには影響しないという事態が起こってしまうのです。

インデックスの構成を調べて活用

インデックス運用を行う場合は、まず採用されているインデックスが、どのような銘柄構成になっているのかを調べるようにしましょう。

日本株式にも多数のインデックスが存在するように、通常それぞれの市場に複数のインデックスが存在しています。特に、新興国の株式を対象にしたインデックスは、同じ市場を対象にしたものであっても、インデックスによって中身が大きく変わっていることがあります。

インデックス運用は投資初心者でも活用できる運用方法ですが、問題点を押さえておけば、より有効に使える投資手法にできるでしょう。

運用のための基本理論

セオリー5　積立投資で時間を分散する

6 セオリー

外貨資産は保有しないのがリスク

> **外貨資産とミスマッチリスク**
>
> 資産の大半を日本円で保有する日本人は円安リスクを取っていることになる。日本リスクを分散させるためにも一定比率の外貨資産を保有した方が良い。

　日本人の個人金融資産の9割以上は未だに日本円になっています（図2-9）。依然として個人金融資産の殆どは円に集中しているのです。外貨投資というと為替リスクがあるからという理由で躊躇している人も多いと思いますが、円資産に偏った状態は、逆に「リスクを取らないリスク」が発生しているのです。

問題は円高ではなく円安

　資産の大半を円で保有する日本人にとって最悪の事態は、円高ではなく円安です。なぜなら円高とは保有する円の資産価値が上昇することであり、資産価値の増大になるからです。例えば、1ドル100円のときに200ドル、2万円だったニューヨークのホテルの宿泊料は1ドルが50円になれば同じ200ドルでも円貨では1万円になります。

　円安は、円資産の価値の下落です。逆に同じホテル代が1ドル200円になれば今度は4万円に値上がりしてしまいます。外貨資産を保有しないで円安になってしまうと、外貨建ての商品・サービスに対する購買力が低下することになります。

　備えるべきは円高ではなく円安なのです。

■図2-9　日本の個人金融資産の内訳（推計）

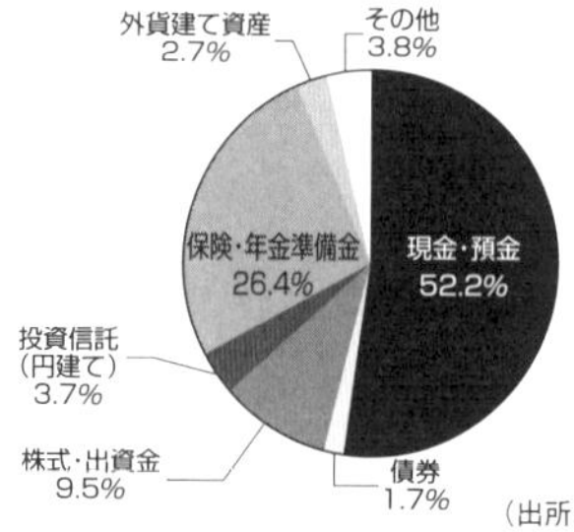

- 外貨建て資産 2.7%
- その他 3.8%
- 保険・年金準備金 26.4%
- 投資信託（円建て）3.7%
- 株式・出資金 9.5%
- 債券 1.7%
- 現金・預金 52.2%

●日本の個人金融資産（1,694兆円）の半分以上は現金・預金に偏在し、外貨資産の比率は極めて低い。

（出所）日本銀行：資金循環統計（2014年12月末現在）などから著者作成

円高局面でも外貨資産はプラスのリターン

過去の為替レートの推移を見ると、1973年の変動相場制以降から長期的には一貫して円高基調です。一時的に円安に振れた時期もありますが、ドル円で見れば、固定相場制だった時の1ドル＝360円から、現状の1ドル＝120円前後のレベルまで円の価値はドルに対して3倍以上になっています。

このような円高局面での外貨投資は為替差損によってあまり芳しい結果にならなさそうに見えますが、意外なことに円ベースで見ても、大きなリターンが実現しています。

図2-10はデータが入手可能な1993年末からの為替レートを勘案した円ベースでの各資産のリターンを指数化したものです。この間為替レートは、2011年3月に起こった東日本大震災後の歴史的円高の時期など、一時1ドル＝70円台までの円高もありましたが、その後は円安が進みました。その中で、円ベースで見た外貨資産（株式・債券）のリターンは日本株式を大きく上回っています。

円高局面であっても、外貨投資は高いリターンを実現してきたのです。

■為替レートの変動
日本の個人投資家は「外貨＝米ドル」と考えがちだが、ユーロなどの他通貨の動きもウォッチすべき。

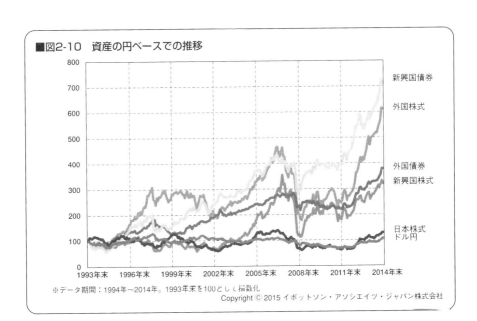

■図2-10　資産の円ベースでの推移

※データ期間：1994年～2014年。1993年末を100として指数化
Copyright © 2015 イボットソン・アソシエイツ・ジャパン株式会社

セオリー6　外貨資産は保有しないのがリスク　　63

■為替と円高
円高とは円の価値が他の通貨に対して上昇すること。円高進行中は、たとえ円を外貨に換金して使うことがなかったとしても、円を保有しているだけで相対的な価値が上昇していたので問題はなかった。

また、円高から円安基調に転じた2012年11月以降から現在までを見ると、いわゆるアベノミクス相場の株高によって日本株式も上昇していますが、それでも円ベースで見た海外の株式・債券に比べ大きく水を開けられていることがわかります。

ミスマッチリスクを解消する

ミスマッチリスクとは、保有している資産の通貨比率と将来使う通貨比率にギャップが存在していることによるリスクです。図2-11のように将来使うと予想される外貨の比率に比べ、保有している外貨の比率が低い状態では、将来円安になった場合必要な外貨建ての資産を購入できない可能性が出てきます。

このようなリスクを回避するには、将来使う予定の外貨比率と同じ比率で現状の資産を保有しておくことです。例えば、今後フランスワインを1万ユーロ購入する予定の人は、現時点で1万ユーロを保有しておけば、円安ユーロ高になってもリスクはありません。

日本国内で円で支払っているものにも、実際には為替レートに連動している輸入品が存在します。たとえ国内で円で購入するものであっても、為替レートによって価格が変動します。例えば電気代も原油を輸入して燃料や火力発電に使われているわけですから、為替に連動しているということができます。食料品も輸入品が多いので、円安になれば国内価格は値上がりします。

円安リスクに対応するためには、将来の支払いに占める外貨の

■円安リスク
円で200円持っているAさんと、円で100円、外貨で100円分持っているBさんがいるとすると、円安（例えば1＄＝100円が1＄＝200円）になって外貨の価値が2倍に増した場合、円だけで資産を保有していると、円安リスクが発生する。

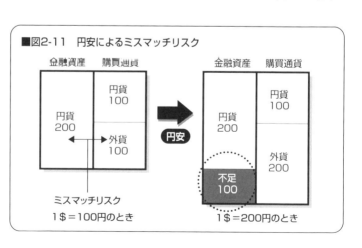

比率と保有している金融資産の外貨比率を一致させることです。
将来購入するものの中で外貨に連動したものが、例えば4割ある
としたら、自分の金融資産も4割は外貨で保有すれば良いのです。
現実には将来の支出を正確に知ることは不可能ですが、外貨資産
を保有しないことによるリスクは認識しておくべきでしょう。

　いずれにしても外貨は保有するのがリスクではなく、保有しな
いのがリスクなのです。

為替の予想は当たらない

　2012年末に発足した第2次安倍政権のいわゆる「アベノミクス[*]」
と呼ばれる経済政策によって、円安が進み最高値の1ドル＝76円
台から、120円近くまで円は40円以上下落しました（2015年3月
末現在）。

　為替レートは、二国間の金利差、インフレ率の差、期待インフ
レ率の差などのマーケット環境やマクロ経済のようなファンダメ
ンタルズと共に、貿易収支、経常収支といった実需の資金の流れ
によっても変動します。

　ドル円を例に考えれば、ドル金利が上昇したり、円金利が低下
すれば金利差が拡大します。すると、相対的な高金利通貨である
ドルが上昇する傾向があります。

　また、インフレ率や期待インフレ率が上昇すると、その通貨は
下落します。円がドルに対して下落した理由は、日銀のインフレ
率2%を目標とする金融政策によって、日本の期待インフレ率が高
まったことが主因です。

　今後、日本のインフレ率が実際に上昇すれば、インフレ率の変
化を要因としてさらに円安になる可能性を指摘する声もあります。

　しかし、為替については専門家であっても将来を予測すること
は困難です。予想をするのではなく、**為替がどちらの方向に振れ
ても後悔しないような、円貨と外貨の保有比率を実現する**のが、
ベストの対策です。

■アベノミクス
デフレ脱却と富の拡大
を目指すという「アベ
ノミクス」の3本の矢
とは、①大胆な金融緩
和、②機動的な財政政
策、③成長戦略の3つ。

■日本銀行の異次元金
融緩和
2013年4月4日、日
本銀行の黒田総裁は、
「これまでとは次元の違
う量的・質的金融緩和」
を導入すると発表。具
体的には、消費者物価
上昇率2%の目標を2
年程度で実現するため、
①マネタリーベースの
増加を年間60～70兆
円に拡大、②長期国債
の保有残高を年50兆
円増加のペースに拡大、
③ETFやREITの買い
入れの拡大、など。同
発表以降、さらに円
安・株高が進んだ。

セオリー6　外貨資産は保有しないのがリスク　　65

セオリー7 感情的な投資を回避する

> **投資家の陥りやすい行動パターンと対策**
>
> 感情的に投資をすると成果は得られない。
> 行動心理学を理解し投資の失敗を防ぐ
> 「仕組み」を作ることが重要。

　資産運用とは感情的に行うべきものではなく、ロジカルに計画を立てながらやるべきものです。しかし多くの個人投資家は表2-5にあるような感情的な投資をして、思い通りの成果を出せずにいるのが現状です。

■表2-5　行動心理学で説明できる投資の失敗の原因例

心理的な原因	意味
自信過剰（オーバーコンフィデンス）	投資家の多くが実力以上に自分の能力を過大評価してしまう傾向。
認知的不協和	自分が認知している状況と矛盾するような事実に遭遇するとき、その状況を回避しようとする心理。自己正当化が代表例。
プロスペクト理論	投資家は利益を得ている状態においては利益を確定する行動を取り、損失が発生している状況では損失を確定しない行動を取るという行動パターンを説明したもの。

リスクの取りすぎで失敗する理由

　リスクの取りすぎは投資の失敗の代表的な原因ですが、その理由の1つは自信過剰（オーバーコンフィデンス）です。例えば、FX（為替証拠金）取引において、最初のうちは慎重にリスクをコントロールしながらうまく利益を上げていた人が、レバレッジを高めていってリスクを徐々に大きくし、最終的に相場の急変動で大きな損失を出して取引をやめてしまうという話を良く聞きます。

　これは、取引当初は慎重にリスクを取って取引していたのに、うまくいくにつれて楽観的になり自信過剰になった結果、自分のコントロールできないレベルにまでリスクを高めてしまったからです。

損切りが遅れてしまう理由

　投資で損失が発生した時の対応の遅れも、投資で成果が上がら

■プロスペクト理論
米国の経済学者ダニエ
ル・カーネマン氏が提
唱した人間の行動心理
に関する考え方。
2002年ノーベル経済
学賞を受賞。

ない原因です。個人投資家は一般に損切りが遅れてしまう傾向が
ありますが、これは**認知的不協和**や**プロスペクト理論**によって、
説明することができます。

　認知的不協和とは、自分に都合の悪い状態が発生した時、理由
をつけて自己正当化してしまう行動です。例えば、購入した株が
値下がりすると、自分の投資判断ではなく、市場が間違っている
と解釈してしまう。間違えを認めないまま損失が拡大していって
しまい、結局手遅れになってしまうのです。

　プロスペクト理論とは、利益を確定することに積極的で、損失
を確定することには消極的という人間の行動傾向を指します。利
食いが早く、損切りが遅れると、利益は小さく、損失が大きくな
ってしまいます。このように感情的な取引を繰り返していると、
投資で成果が出にくくなってしまうのです。

▎感情を排除する仕組みを作る

　感情的な取引で失敗しないためには、感情を排除する仕組みを
投資の中に取り入れることが重要です。投資をする際に次のよう
なことを心に留めておくと良いでしょう。

> **1．自信過剰にならないようにいつも自分を戒める**
> 　自分の判断が絶対に正しいのではなく、間違える可能性も
> あることを常に意識し、謙虚な気持ちを忘れないようにする。
> **2．リスクの取りすぎに注意する**
> 　資産全体で最悪の場合どのくらいの損失が発生するかを想
> 定し、自分が耐えられる範囲にリスクコントロールすること
> を徹底する。
> **3．取引の判断のルールを作る**
> 　特に自分の想定と逆の投資結果になった場合、どの時点で
> 取引をやめて撤退するかのルールを事前に明確化しておき、
> 条件に当てはまった時点で速やかに損失を確定する。

　投資で成果を上げている人は、情報収集だけではなくこのよう
な感情のコントロールができる「仕組み」をつくることを意識し
ています。少なくとも感情的に取引するだけでは投資は成功しな
いことは頭に入れておきましょう。

セオリー7　感情的な投資を回避する　　　67

運用のための基本理論

第2章のまとめ

セオリー1　リターンよりリスクから考える

高いリターンを望むならリスクも大きくなるのが大原則。
リスクを軽減する最善策は資産を分散すること。

セオリー2　アセットアロケーションから決めていく

投資の成果の大半を決定するのは、資産配分である。
無理をせず自分のリスク許容度に合わせて資産配分を決める。

セオリー3　長期と短期の2つの視点を持つ

運用期間が長くなるほど投資リターンは安定してくる。
長期運用ではまずベータ（市場平均）を狙いにいく。

セオリー4　3つの運用方法を使い分ける

インデックス運用とアクティブ運用をうまく使い分ける。
アクティブ運用で成果をあげるには一定の投資スキルが必要。

セオリー5　積立投資で時間を分散する

投資タイミングを狙っても、結局高値つかみになりやすい。
ドルコスト平均法で定期的に投資する方がずっと合理的。

セオリー6　外貨資産は保有しないのがリスク

本当に問題なのは、円高ではなく大幅な円安になったとき。
日本で暮らしていても、日本リスクを分散させる必要がある。

セオリー7　感情的な投資を回避する

感情的な投資に走ると、投資の成功は望めない。
リスクの取りすぎに注意し、感情に流されない仕組みを作る。

第 **3** 章

個人投資家が使える 9つの金融商品

金融商品には多くの種類があり、新しい商品が次々と登場しています。それらの中には個人投資家にとって有益なものもあれば、仕組みが複雑でリスクだけが高く手を出すべきではない商品もあります。資産を殖やすためには完璧な金融商品は存在しないことを理解した上で、自分の目的やレベルに合った商品を選択し、適切な使い方をしなくてはなりません。第3章では、金融商品選択の基本、個々の商品の特徴、使い方のテクニックまで学んでいきます。新しい金融商品に対する付き合い方も知ることができます。

資産設計塾［知識編］

金融商品のリスクと分類方法

> **リスクの種類**
>
> 金融商品には、価格リスク、金利リスク、為替リスク、信用リスク、流動性リスクの5つのリスクがある。
> マーケットリスクからリターンを狙っていく。

金融商品の5つのリスク

金融商品のリスクは次の5つに分類して考えることができます。

■価格リスク

価格リスクとは価格の変動によって資産が影響を受けるリスクです。株式はもちろん、株式を組み入れた投資信託、さらにはETF、ミニ株といった株式に関連する金融商品、あるいはREITのような不動産に関係する商品、金などのコモディティなどにもこの価格リスクがあります。

■金利リスク

金利リスクとは、市場の金利の変動によって、債券の価格が変動するリスクです。債券の価格は、市場の金利が上昇すると下落し、金利が下がると上昇します。

■為替リスク

為替リスクは外貨建ての資産が持つリスクです。ドルやユーロといった外貨建ての株式や債券などを保有する場合、為替レートの変動によって円ベースで見た資産価値に影響が発生します。これが為替リスクです。

ここまで説明した3つのリスクは市場の変化によって価格や金利が変動することによるリスクであり、**マーケットリスク**と呼ぶことができます。一方の信用リスクと流動性リスクは、これらとは少し種類の違うリスクです。

■信用リスク

信用リスクは投資先の企業や国などが破綻してしまい、投資した元本が全額戻ってこないリスクです。株式投資は基本的に、投資先の信用リスクを取りながらリターンを狙う投資ということができます。また債券に投資をする場合でも信用リスクは存在します。債券の中でも、国債は比較的信用力の高い投資対象ですが、

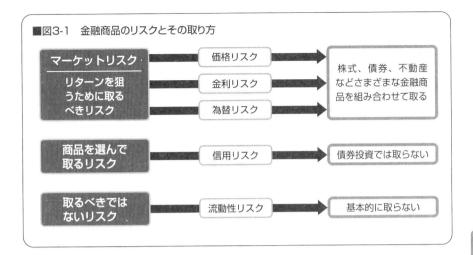

■図3-1　金融商品のリスクとその取り方

2001年にはアルゼンチンがデフォルトに、また最近でも2012年にはギリシャが債務不履行になり、債券保有者の一部が損失を被りました。

■流動性リスク

流動性リスクとは、売りたい時にすぐに売れないリスク、あるいは売れたとしても大きく値段を下げなければ、売れなくなってしまうようなリスクです。

金融商品はいつでも売買できるものが多く、流動性リスクは低いと言えます。逆に、不動産のような実物資産は売買コストも高く、取引に時間がかかり、流動性リスクが高いと言えます。

資産設計とは、これら5つのリスクの中から効率的にリスクを取り、その見返りとして市場からのリターンを狙うことです。ただし、どんなリスクでも取ればいいというものではありません。意味のあるリスクを取らなければ、単に投資の危険性が高まるだけとなってしまいます（図3-1）。

信用リスクは取るべき商品で取る

信用リスクは、投資先の破綻などで**投資元本が戻ってこなくなるリスク**です。銘柄分散を行うことでリスクをコントロールする必要があります。

一方、債券投資で信用リスクを取るのは賢明とは言えません。

債券でも信用リスクを取ることによって相対的に高い利率が得られます。しかしその追加リターンと引き換えに、「元本が無くなるリスク」が高まります。債券を発行している企業の信用リスクについて詳細に分析を行い、他の債券にも分散投資して信用リスクをコントロールできるプロの投資家であれば、債券で信用リスクを取ることによってリターンを狙うことも可能です。しかし個人投資家の場合、限られた資金では充分な分散ができず、債券で信用リスクを取ることは、投資の追加リターンとそれによって発生するリスクを比較すると勧められません。

債券は元本の安全性を重視した運用を行い、信用リスクは株式で取るというのが、資産設計の基本です。

流動性リスクは取るべきではない

5つのリスクの中で金融商品への投資で取ってはいけないリスクは、流動性リスクです。これは**自分の資産を現金化することができない**リスクです。

株式や投資信託、為替取引などは基本的には流動性が高いマーケットであり、流動性リスクは低いと言えます。

金融資産は流動性リスクを取らないのが原則ですが、実物資産への投資では流動性リスクを取ることによって、リターンを高めることもできます。投資する対象によってどのリスクを取るかは変わってくるのです。

マーケットリスクを管理する

価格リスク、金利リスク、為替リスクはマーケットリスクとして分類できます。つまりマーケットにおいて取引されている株価、金利、為替といった**日々変動する数字によって発生するリスク**、ということができます。これらのリスクのコントロールが資産設計の最も重要なリスク管理ということになります。

マーケットリスクの管理は、商品別にどのようなマーケットリスクを伴う商品なのかを分類して、全体のリスクをとらえるという方法が現実的です。

金融資産を6つのグループに分類する

リスクに応じて資産を6つのグループに分けることができます。

■流動性リスク
不動産、絵画、ワインなどの実物資産の取引は売り手と買い手の相対取引であり、金融商品に比べ流動性リスクが高い。

MRFや普通預金のような「流動性の高い資産」を1つ目のグループとします。次に、**株**と**債券**、**円貨**と**外貨**という2つの分類を組み合わせることによって4通りのグループを考えます（図3-2）。

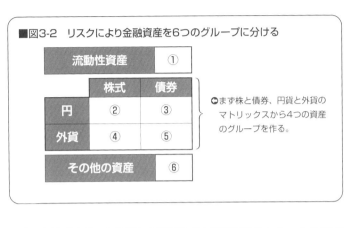

■図3-2　リスクにより金融資産を6つのグループに分ける

○まず株と債券、円貨と外貨のマトリックスから4つの資産のグループを作る。

「日本株式」「日本債券」「外国株式」「外国債券」という分類です（図3-2）。最後にこの5つのどこにも属さない「その他の資産」（不動産などもここに含まれます）を加えて、全部で6つのグループとして資産を分類していきます。それぞれの資産の種類を**アセットクラス**と言います。それぞれのアセットクラスが持つマーケットリスクと、主な金融商品をまとめたのが図3-3になります。

■図3-3　6つのアセットクラスと主な金融商品

アセットクラス	マーケットリスク			主な商品
	価格リスク	金利リスク	為替リスク	
①流動性資産				普通預金、通常貯金（ゆうちょ銀行）、MRFなど
②日本株式	●			日本株式、日本株を組み入れた投資信託、日本株ETF
③日本債券		●		日本の国債や社債、MMF、中期国債ファンド、その他日本国債や社債を組み入れた投資信託
④外国株式	●		●	米国、欧州、新興国などの海外株式、海外株式に投資する投資信託、海外ETF
⑤外国債券		●	●	先進国の外債、外債ファンド、外貨MMF
⑥その他の資産	▲	▲	▲	バランス型ファンド、REIT、金（Gold）、コモディティ（原油・貴金属など）、それらに投資する投資信託など

商品0　金融商品のリスクと分類方法

1 投資信託[資産運用の基本となる運用商品]

商　品

> **投資信託の特徴**
>
> 少額から投資できて積立も可能。
> 国内外の株式や債券から不動産、金まで投資対象が幅広い。
> 元本保証は無いが分別管理されている。

　投資信託は、投資をこれから始めようという初心者の方が、最初に活用すべき商品です。少額で分散投資をすることができ、積立も使うことができます。投資信託には様々な種類がありますから、どの商品を選択するかが重要になってきます。

投資信託（ファンド）の仕組み

　投資信託を簡単に言うと「投資家の資金をまとめるための器」です。小口では投資できない商品に多くの投資家の資金をまとめることにより、少額でも投資を可能にした商品です。

　投資家から集めたお金を株式や債券などに投資して運用し、**分配金**を受け取ったり、基準価額（時価）が上昇すれば、売却して**値上がり益**を得ることができます。

　投資信託は販売会社、運用会社、管理会社の3社がそれぞれの役割を分担し、投資家に商品を提供する仕組みです（図3-4）。

■販売会社（証券会社、銀行）

　販売会社は、証券会社、銀行、その他の金融機関など投資信託を売る会社です。顧客と投資信託をつなぐ機能を担っています。投資信託の購入や分配金の受取り、換金の手続き等は、販売会社を通じて行われます。なお、販売会社を通さない直販投信も存在します。

■運用会社（投資信託会社）

　預かった資金を運用するのが投資信託会社です。投資信託会社ではアナリストと呼ばれる調査の専門家が経済・証券市場に関して様々な調査を行います。その調査結果に基づいてファンドマネージャーが運用方針や投資対象を決定し、管理会社（信託銀行）に対して実際の運用を指図します。

■管理会社（信託銀行）

　投資信託の資産を管理しているのは、管理会社である信託銀行

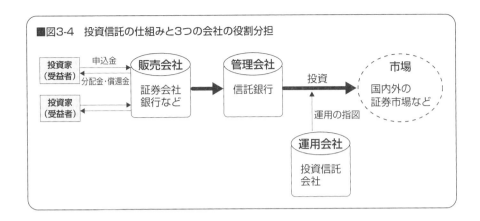

です。信託銀行は投資信託会社が出す**運用の指図**に従って、株式や債券などの管理、売買に伴う事務処理を行います。

このように投資家の窓口となるのは販売会社ですが、実際に運用を行うのは運用会社、資産が管理されているのは管理会社になります。

投資信託の特徴は分別管理と実績分配

投資信託の資産を管理するのはファンド毎に指定された信託銀行です。信託銀行では、投資信託の資産をそれぞれのファンド毎に区分して管理しており、自己の資産とも分別しています。そのため、万が一投資信託に関わる販売会社、運用会社、管理会社が破綻した場合であっても、**分別管理**された資産として保全されることになります。

また、投資信託には預金保険のような**元本の保証**はありません。資産は安全に管理されていますが、**実績分配**ですから元本割れすることもあることには注意が必要です。

分別管理と実績分配が投資信託の大きな特徴です。

投資信託のメリット

投資信託は個人投資家が資産設計に活用できる最も基本的な商品です。表3-1のように、少額から投資できること、投資対象が幅広く、分散できること、積立が活用できること、といった多くのメリットがあります。

■分別管理と投資者保護基金
証券会社は投資家の預かり資金を証券会社の自己資産と明確に区別して管理（分別管理）することが義務づけられている。この分別管理がされておらず投資家が損害を被った場合などは、日本投資者保護基金から1人1,000万円を限度に補償されることになっている。

■実績分配
預金金利のようにあらかじめ約束されておらず、運用状況によって分配金が支払われること。

商品1 投資信託　75

■表3-1　投資信託のメリット

メリット	具体例
少額投資が可能	1,000円以上1円単位から投資できる。
投資対象が広い	国内、海外の株式・債券・不動産など投資対象が広い。
投資対象の分散	組入銘柄は最低でも数十銘柄、多いものは100を超え、リスクが分散されている。
時間の分散	定額積立を利用すれば、ドルコスト平均法（58ページ）が実践できる。
専門家の活用 （アクティブファンドの場合）	アクティブファンドを使えば、銘柄選択をファンドマネージャーに任せることができる。
インデックス運用 （インデックスファンドの場合）	インデックスファンドを使えば、少額でインデックス運用が可能。
ディスクローズ	運用状況は、運用報告書、週次・月次の運用レポートで知ることができる。過去の運用実績や運用方針、（ファンドによっては）組入銘柄などが公表されるため、投資家はそれに基づいて投資判断できる。ディスクローズによりファンドのクオリティが保たれる。

また、運用状況のディスクロージャーも個人投資家にわかりやすく提供されています。多くのファンドは、運用会社や販売会社のウェブ上に、定期的に発行される**運用レポート**を掲載しています。これを見れば、運用の状況や投資先の銘柄についての情報を得ることができます。投資信託は、個人投資家が小口で分散投資を実践するために有用な商品です。上手に活用するためには、銘柄選択と組み合わせ方がポイントになります。

投資信託のデメリット

投資信託には、販売手数料と信託報酬の大きく2つの手数料がかかります（表3-2）。**販売手数料**とは、投資信託を購入するときにかかる手数料です。

例えば、販売手数料1％のファンドを1万円購入すれば、1万円の中に手数料（とそれに伴う消費税）が含まれるため、実質の購入金額は9,900円弱になります。ノーロードファンド（販売手数料がかからないファンド）もありますが、販売手数料が3％以上の商品もあります。

一方の**信託報酬**は、保有期間と残高に応じてかかるものです。例えば、信託報酬が年間1％のファンドを平均残高1万円で1年保有すると100円、半年保有なら50円かかります。信託報酬は日割りで計算され、ファンドの純資産から毎日直接差し引かれます。ファンドから直接引き落とされているということです。どちらも投資家にとってはコストですが、違いはどの会社の収入になるか

■運用レポート
直近の実績は目論見書ではなく、週次、月次で発行される「運用レポート」を見てみよう。アクティブファンドの場合ベンチマークとの比較、インデックスファンドでも対象インデックスにきちんと連動した運用成果を出しているかがわかる。また、純資産総額の推移や組入上位銘柄、ファンドマネージャーのショートコメントなども載っている。

■販売手数料
同じファンドでも販売会社によって手数料が異なることがある。

です。販売手数料は販売会社の収入となりますが、信託報酬は販売会社、運用会社、信託銀行がファンド毎に決められた比率で受け取ります（表3-2）。

■表3-2　投資信託にかかるコスト

	課金タイミング	販売会社のインセンティブ	収益
販売手数料	購入時にかかるコスト	回転売買	販売会社の収入
信託報酬	保有期間にかかるコスト	保有期間長期化	販売会社、運用会社、管理会社の収入

　このように販売手数料と信託報酬は、同じコストであってもその性質は異なります。販売手数料は、販売した時点で販売会社の収益になります。保有期間に関係なく売買金額が高まれば、販売会社の収益が上がっていきます。一方、信託報酬は保有期間と残高に応じてかかるコストです。長期で残高を維持してもらうことが金融機関の収益上、重要になります。また、信託報酬は販売会社、運用会社、管理会社の3社が受け取ります。それぞれの金融機関が収益を維持するため、運用状況の開示、運用パフォーマンスの維持向上、ファンドの精緻な管理を行います。

■図3-5　運用報告書に記載されている保有期間中のコストの例

1万口当たりの費用明細　　　　　　　　　（2014年1月28日〜2015年1月26日）

項　　　　目	当　　期 金額	当　　期 比率	項　目　の　概　要
	円	％	(a)信託報酬＝期中の平均基準価額×信託報酬率
(a) 信　　託　　報　　酬	125	0.646	ファンドの運用・調査、受託会社への運用指図、基準価額の算出、目論見書等の作成等の対価
（投　信　会　社）	(56)	(0.291)	分配金・償還金・換金代金支払等の事務手続き、交付運用報告書等の送付、購入後の説明・情報提供等の対価
（販　売　会　社）	(56)	(0.291)	投資信託財産の保管・管理、運用指図の実行等の対価
（受　託　会　社）	(13)	(0.065)	
(b) 売買委託手数料	1	0.006	(b)売買委託手数料＝期中の売買委託手数料÷期中の平均受益権口数
（株　　　　　式）	(1)	(0.004)	有価証券等を売買する際に発生する費用
（新株予約権証券）	(0)	(0.000)	
（投資信託証券）	(0)	(0.000)	
（先物・オプション）	(0)	(0.002)	
(c) 有価証券取引税	1	0.007	(c)有価証券取引税＝期中の有価証券取引税÷期中の平均受益権口数
（株　　　　　式）	(1)	(0.007)	有価証券の取引の都度発生する取引に関する税金
（新株予約権証券）	(0)	(0.000)	
（投資信託証券）	(0)	(0.000)	
(d) そ　の　他　費　用	7	0.035	(d)その他費用＝期中のその他費用÷期中の平均受益権口数
（保　　管　　費　　用）	(6)	(0.029)	外国の資産の保管等に要する費用
（監　　査　　費　　用）	(1)	(0.003)	ファンドの決算時等に監査法人から監査を受けるための費用
（そ　　の　　他）	(1)	(0.003)	信託事務の処理等に要するその他諸費用
合　　　　　計	134	0.694	

（出所）eMAXIS先進国株式インデックスの運用報告書より抜粋

一般的な傾向として、ネット証券では、販売手数料がかからないノーロードファンドの比率が高まり、販売手数料の低下要因となっています。一方で、信託報酬に関しては投資対象によってその水準は異なりますが、平均的なコストは上昇傾向であるという結果が出ています。

　投資信託の2つのコストは意味合いが異なります。単純にコストが低いファンドを探すのではなく、手数料の意味について理解した上で、ファンド選びを行う必要があります。

　また、販売手数料、信託報酬以外にも、投資信託には為替手数料などのコストがかかることがあります。これらのコストは信託報酬のように事前に確定しているものではなく、運用状況によって変わってきます。決算時に作成される報告書には、信託報酬以外のコストについても金額が記載されています（図3-5）。投資信託のコストは、厳密にはこれらの事後的にコストが判明するものも含めて計算すべきです。

■信託財産留保金
ファンドを解約するときに資金の一部をファンドに残していく仕組み。これは手数料ではなく、残りのファンド保有者のための資金となる。解約によって発生する残りの保有者の不利益に配慮した良心的な仕組み。

　さらに、投資信託を解約する時に**信託財産留保金**[*]がかかる場合があります。これは金融機関に支払われるコストではなく、ファンドの長期保有者が不利にならないように配慮した仕組みです。解約時に投資家が負担することになりますが、支払われた信託財産留保金は、ファンドの資産となり他の投資家に配分されることになります。解約時にファンドにかかる売買コストなどを既存の投資家に負担させないようにする「迷惑料」のようなものだと考えればわかりやすいでしょう。

投資信託の分類と種類

　表3-3のように投資信託には様々な分類方法がありますが、商品選択上重要なのは、運用方法が**インデックス型**か**アクティブ型**かという違いです。

■表3-3　投資信託の分類方法

分類方法	種　類
設定国	国内籍投信、外国籍投信
対象投資家	公募投資信託、私募投資信託
申込み形式	単位型（ユニット型）、追加型（オープン型）
投資対象	株式投信（株式型、債券型など）、公社債投信、その他
運用方法	アクティブ型、インデックス型

インデックスファンドとは、例えば日本株式における東証株価指数（TOPIX）や日経平均株価のような**インデックスに連動した運用成果**を目指すものです。連動させようとするインデックスには、業種別株価指数、大型株・小型株指数など多くの種類があります。

　一方のアクティブファンドとは、積極的な運用によって、**市場平均（インデックス）を上回る投資成果**を目指す運用を行う投資信託です。ファンドマネージャーが決められた運用方針に従って運用の意思決定を行います。

投資信託の評価方法

　投資信託の評価方法には、定量的なものと定性的なものがあります。定量的なものとは、過去の運用実績などのデータを使って数値化できる評価のことです。定性的評価とは、数値化できないものを指します。

　例えば、表3-4のような指標は、アクティブファンドを評価する時に使われる代表的な指標です。特に定量評価はファンドの広告などでよく使われますが、正しい評価方法を知っておく必要があります。

■表3-4　アクティブファンドの評価指標

	手法	算出方法	コメント
定量的分析	設定来騰落率	ファンド設定からのリターン	ファンド間の相対比較ができない
	ベンチマーク比	ファンドリターン－ベンチマークリターン	インデックスとの相対リターンはわかるが、リスクが考慮されていない
	シャープ・レシオ	$\dfrac{(ファンドリターン－無リスクリターン)}{リスク（変動率）}$	リスクあたりリターンが計測できるが、インデックスとの比較ができない
	インフォメーション・レシオ	$\dfrac{(ファンドリターン－ベンチマークリターン)}{トラッキング・エラー}$	アクティブリスクに対するアクティブ運用の成果を計測できる
	純資産の規模と増減	運用レポートから入手	適正な残高で増税の変動が小さいものを選ぶ
定性的分析	運用方針、運用体制、リスク管理方法、ファンドマネージャーの実績などから総合判断することになるが、情報の収集が難しいこと、数値化できないことから客観的な評価は難しい。		

商品1　投資信託　　　79

■運用実績を評価する定量的分析

例えば、設定来の上昇率の高いファンドを良いファンドと考える人がいますが、これは正しくありません。なぜなら、同じ時期の相場の動きと比較していないからです。例えば、リーマンショックの直前に設定されたファンドであれば、殆どがマイナスのリターンになっています。逆にリーマンショック直後の2009年前半に設定されたファンドの多くはプラスのリターンです。つまり、設定された時期によって結果は大きく変わってしまいます。

設定時期に左右されない運用成績を見るには、同じ時期のインデックスのリターンを使って、市場平均と比較する必要があります。これが*ベンチマーク比です。日本株のファンドであればTOPIX、米国株式のファンドであればS&P500といった、インデックスとの相対的なリターンを計算することで、タイミングとは関係のない運用実績を知ることができます。

また、リターンだけではなくリスクも考える必要があります。代表的なものとして*シャープ・レシオがあります。これは、分母にリスク、分子にリターンを計測して比率を計算します。同じ日本株に投資するファンドでも、大型株に投資しているファンドと小型株に投資しているファンドではリスクが異なります。単にリターンを比較するだけではなく、リスクに対してどのくらいのリターンを上げているかを計算できるのがシャープ・レシオの特徴です。

さらに、インフォメーション・レシオという指標もあります。これはファンドがインデックスに対してどのくらい付加価値を付けているのかをリスクも考慮して数値化したものです。ファンドマネージャーの運用能力を数値化したものと考えても良いでしょう。

■運用実績以外の定量的分析

ファンドの運用成績以外でも、見ておくべき数値はあります。

まず、**純資産の残高**です。例えば、資産規模が数億円程度と小さい場合、投資対象に充分な分散を行うことができなくなります。また、逆に純資産が大きくなりすぎても、運用に支障をきたすケースがあります。特にアクティブファンドの場合、資産規模が大きくなりすぎると、機動的な売買ができなくなり、インデックスを上回る超過リターンを得る機会を逃してしまう可能性が出てき

■ベンチマーク
ファンドの実績を測定評価する際の基準で、投資信託の場合は運用対象に応じたインデックスをベンチマークとしている場合が多い。比較によって投資実績を相対的に判断するもので、例えばある株式投信で15％のリターンがあったとすると、市場そのものが10％の上昇にとどまっていれば市場を上回る実績を得たことになる。この比較対象をベンチマークと呼び、日本株では日経平均やTOPIXとするのが一般的。

■ファンドの純資産
積立をしている投資家が多いインデックスファンドでは、毎月自動的に買い付けがされるため、資金の安定的な増加が実現しているものが多い。

ます。小回りが効かない状態となり、運用リターンが低下してしまうのです。厳密な数字はありませんが、例えば日本株の小型株のアクティブファンドであれば、300～500億円が最適規模と言われています。金額が大きすぎても、小さすぎても理想的な運用ができなくなるのです。インデックスファンドに関しては、純資産が大きすぎることによる問題は発生しません。

純資産は金額と共に、変動にも注意を払う必要があります。資金の流出入が激しく、運用金額の変動が大きいファンドでは、金額の変動の度にファンドマネージャーが、組み入れ銘柄の売買をしなければなりません。その売買コストは投資家が負担することになります。また、ファンド解約に備え、現金比率を高める必要性も出てきます。その結果、ファンドの運用効率が低下してしまうのです。

緩やかに資産が増えていくファンドが理想です。資金が安定的に流入することで、ファンドマネージャーが投資を計画的に行うことができます。また、相場環境に関わりなく資金流入が安定していれば、下げ局面で売却を余儀なくされるということが無くなるメリットもあります。

■定性的分析

定性的評価は、ファンドの運用方針、運用会社の運用哲学・運用体制、リスク管理、ファンドマネージャーの運用実績、などから行います。どれも数値化することが難しいものです。定性的評価というのは、数値化できないため、どうしても主観的な要素が入ってきてしまいます。

あるファンド・オブ・ファンズを組成している運用会社では、投資先のファンドを運用している会社を直接訪問し、経営者や運用担当者と面接することで定性的な分析を行っています。また、質問票を送って、ファンドのクオリティを評価している会社もあります。

アクティブ運用のファンドにおいては、この定性的な評価がファンド選択には欠かせませんが、評価方法に基準が無く、判断が難しいのが現実です。

ファンドの評価にどの方法を使うのかは、インデックスファンドとアクティブファンドで異なります。定量的な評価だけでファンドを選択できるのが、インデックスファンドです。

インデックスファンドの評価

インデックスファンドの評価はシンプルです。インデックスファンドとは、ベンチマークとして決められたインデックスとできるだけ同じ運用成果を実現するのが目標です。インデックスとファンドの動きの差のことを**トラッキング・エラー**と言いますが、それができるだけ小さいファンドが良いということになります。また、インデックスファンドで見ておかなければいけないのは、純資産の推移とコストです。純資産は緩やかな右肩上がりに増えているのが理想的です。また、同じベンチマークで運用しているファンドは運用成績に大きな差がつきません。したがって、コストを比較することも重要になります。

アクティブファンドの評価

アクティブファンドの評価方法は、インデックスファンドに比べると複雑です。定量的な評価と定性的な評価を組み合わせていくことになります。

まず、定量的な評価としては、シャープ・レシオなどの運用実績（パフォーマンス）や手数料、純資産の推移や絶対額があります。その際注意すべきことは、同じ運用対象で運用しているピアグループのファンドで比較することです。例えば、日本株とコモディティのファンドを比較しても意味が無いわけです。

一方の定性的な評価としては、運用哲学、運用会社の運用体制、ファンドマネージャーの運用資質などから判断すべきです。しかし、個人投資家がこれらの情報を入手するのは簡単ではなく、また入手できたとしても、それを元に的確な判断ができるとは限りません。

■過去の運用実績は将来を予想できるか？

アクティブファンドの定量的な分析方法として、過去の運用実績の比較があります。シャープ・レシオや騰落率をファンド毎に比較して運用能力を測ろうとするものですが、問題は過去の運用成績で将来を予想できるかということです。

図3-6は、3年間の運用成績とその後の3年間の運用成績を比較したものですが、これを見ると、過去の運用成績と将来の運用成績の間には必ずしも強い相関が無いことがわかります。過去の成

■トラッキング・エラー
（Tracking error）
TOPIXなどのインデックスとの連動を目指すファンドにおいて、ファンドとインデックスとの値動きの乖離。インデックス運用などのパッシブ運用では、トラッキング・エラーの最小化を目指して運用される。

■図3-6　アクティブファンドの運用成績の変化

	リターン順位グループ	2期目 (2012年1月～2014年12月)			
		第1グループ (77本)	第2グループ (77本)	第3グループ (77本)	第4グループ (77本)
1期目 (2009年1月 ～2011年12月)	第1グループ (77本)	39本	12本	9本	17本
	第2グループ (77本)	17本	19本	18本	23本
	第3グループ (77本)	16本	16本	25本	20本
	第4グループ (77本)	5本	30本	25本	17本

※日本販売されている主として国内株式に投資をしている投信（インデックスファンド、DC、SMA専用ファンドを除く）のうち、2009年1月から2014年12月までのリターンデータが取得可能なものを全体とした。
※対象イボットソン分類：大型割安型、大型ブレンド型、大型成長型、中型割安型、中型ブレンド型、中型成長型、小型割安型、小型ブレンド型、小型成長型、SRI型、地域/グループ型。
※各グループは2009年1月から2011年12月、2012年1月から2014年12月の各3年間のリターンの順位により4分割した。

Copyright © 2015 イボットソン・アソシエイツ・ジャパン株式会社

績が良かったとしても、それが将来を予想するとは限らないということです。過去の運用成績は悪いファンドを除外するためには参考になるとしても、良いファンドを選べるかどうかについては未知数ということです。

インデックスファンドとアクティブファンド

インデックスファンドとアクティブファンドにはそれぞれに特徴があり、どちらを選ぶべきかについて結論はありません。アクティブファンドは、インデックスを上回る成績を目指して運用されますが、表3-5の通り結果が出ているのは半分程度にすぎません。しかし、中には長期にわたって高い運用成績を継続している

■表3-5　インデックスファンドを上回ったアクティブファンド（日本株ファンド）の比率

運用期間	ファンド数	インデックスを上回った数	比率
過去1年 (2014年)	378	163	43%
過去3年 (2012年～2014年)	342	168	49%
過去5年 (2010年～2014年)	322	174	54%

2014年12月末時点。
※日本販売されている主として国内株式に投資をしている投信（インデックスファンド、DC、SMA専用ファンドを除く）のうち、各3期間のリターンデータが取得可能なものを全体とした。
※対象イボットソン分類：大型割安型、大型ブレンド型、大型成長型、中型割安型、中型ブレンド型、中型成長型、小型割安型、小型ブレンド型、小型成長型、SRI型、地域/グループ型。
※インデックスは配当込みTOPIX。

Copyright © 2015 イボットソン・アソシエイツ・ジャパン株式会社

商品1　投資信託

ファンドもあります。そのようなファンドを選択することができれば、アクティブファンドを活用することにも意味が出てきます。アクティブファンドを選ぶのは簡単ではありませんから、投資初心者の人はまずインデックスファンドから始め、その上でアクティブファンドの活用を考えてみるのが良いでしょう。

インデックスファンドの具体例

　アセットクラス毎のインデックスファンドをシリーズ化する先駆けとなったのが、三井住友トラスト・アセットマネジメントが設定・運用するSMTインデックスファンドシリーズです（表3-6）。

　日本株であれば、SMT TOPIXインデックス・オープン、外国株であれば先進国に投資するSMTグローバル株式インデックス・オープン、新興国に投資するSMT新興国株式インデックス・オープンというように、株式、債券、REITに投資するファンドを揃えています。

■表3-6　SMTインデックスファンドシリーズの商品構成（投資対象）

投資対象	国内	先進国	新興国
株式	・日経225 ・TOPIX ・JPX日経225インデックス400	・グローバル株式 ・ダウ・ジョーンズ	・新興国株式 ・アジア新興国株式
債券	・国内債券	・グローバル債券 ・グローバル債券（為替ヘッジあり）	・新興国債券 ・米ドル建て新興国債券（為替ヘッジあり）
REIT	・J-REIT	・グローバルREIT	・新興国REIT
その他	・インデックスバランス		

■表3-7　主なインデックスファンドシリーズのコスト比較（信託報酬（税別）／信託財産留保金）

投資対象	eMAXISインデックスシリーズ	SMTインデックスシリーズ	野村インデックスファンドシリーズ
国内株式(TOPIX)	0.4%　／　なし	0.37%　／　0.05%	0.4%　／　なし
国内債券	0.4%　／　なし	0.37%　／　0.05%	0.4%　／　なし
国内REIT	0.4%　／　0.3%	0.4%　／　0.05%	0.4%　／　0.3%
先進国株式	0.6%　／　なし	0.5%　／　0.05%	0.55%　／　なし
先進国債券	0.6%　／　なし	0.5%　／　0.05%	0.55%　／　なし
先進国REIT	0.6%　／　0.3%	0.55%　／　0.05%	0.55%　／　0.3%
新興国株式	0.6%　／　0.3%	0.6%　／　0.3%	0.6%　／　0.3%
新興国債券	0.6%　／　0.3%	0.6%　／　0.3%	0.6%　／　0.3%

（出所）各社資料。2015年4月1日現在

これに追随するように、三菱UFJ投信はeMAXISシリーズ、野村アセットマネジメントは野村インデックスファンドシリーズを設定しています。インデックスファンドの運用成績には、大きな違いが無く、コストが投資家に注目されるため、各社は信託報酬の引き下げ競争を行っています（表3-7）。今後も引き下げる運用会社が出てくる可能性がありますが、大きな差は無くあまり神経質になる必要は無いと思います。

アクティブファンドの具体例

アクティブファンドの運用成績は、必ずしもファンドの人気と

■図3-7　朝日Nvestグローバルバリュー株オープンの運用レポート

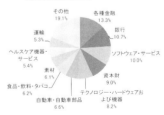

（出所）朝日Nvestグローバルバリュー株オープンの月次レポート（2015年2月27日）より抜粋

は比例しません。純資産額はあまり大きくなくても、しっかりとした運用実績を続けているファンドは存在します。逆に、投資家の資金を集め規模が大きくなっているファンドの運用成績は必ずしも良くないことにも注意が必要です。その中で最も高い運用成績を実現している株式ファンドを紹介します。

■朝日Nvestグローバルバリュー株オープン

このファンドはグローバル株式へのアクティブ運用を行うファンドで、マザーファンド形式で運用されています。マザーファンドの運用は、バリュー投資で30年以上の運用実績を有するハリス・アソシエイツ・エル・ピーが担当しています。

ファンドの組み入れ銘柄数は50以下とかなり少なく、銘柄選択に自信を持っていることがわかります。エマージング諸国の株式も投資対象としますが、投資割合はポートフォリオの30％以内とすることでリスクをコントロールし、安定した運用成績を目指しています。

2015年2月末時点の運用レポートによれば、過去3年間の騰落率は108.2％と参考指数であるMSCIオールカントリーインデックスの93.5％を上回り、設定来のリターンも408.8％とインデックスの44.2％を大きく上回っています（図3-7）。

投資信託の税金

投資信託の税金は、分配金、解約益、償還益、売却益に対して課税されます。表3-8のように株式投資信託と公社債投資信託、国内籍と外国籍、に分けて整理することができます。

■国内籍株式投資信託の場合

海外に投資するファンドでも国内籍株式投資信託の場合は、差益の計算の際に、投資家毎、ファンド毎に購入単価（個別元本）が計算され、基準価額が個別元本を上回っていれば、その部分が課税対象となります。

売却益、解約差益、償還差益はいずれも譲渡所得として、20％（所得税15％、住民税5％）の申告分離課税となります。分配金（普通分配金）は配当所得として、20％（所得税15％、住民税5％）の源泉徴収となります。

■外国籍株式投資信託の場合

公募外国籍株式投資信託の場合も、基本的に国内籍投資信託の

場合と変わりませんが、通常換金は売却により行われます。売却益、償還差益は譲渡所得として、20％（所得税15％、住民税5％）の申告分離課税となります。

■損益通算と繰越控除

「源泉徴収あり」の特定口座で配当金、分配金を受け取ることができ、上場株式等の譲渡損益および公募株式投資信託の解約や償還、売却による損益との損益通算ができます。また、損益通算しても売却損が残る場合、翌年以降3年間損失の繰越控除ができます（確定申告が必要です）。

■公社債投信の場合

公社債投信の場合、国内籍、外国籍共に、分配金と解約・償還益は利子所得として20％の源泉分離課税となります。売却益はどちらも非課税ですが、国内籍投信の場合、売却益の20％が差し引かれた額が売却価額となります。

■復興特別所得税

上記のほか、2013年1月1日から25年間、譲渡所得、配当所得等の所得税の額に対し税率2.1％で復興特別所得税が課税されます。これを含めると上記の税率はそれぞれ20.315％となります。

投資信託の税金に関する詳細は、金融機関で最新情報を確認するようにして下さい。

■2016年からの税制改正

2016年1月から、特定公社債（国債、地方債、外国国債・外国地方債・公募公社債・上場公社債、一定の社債など）や公募公社債投資信託等の利子、分配金、譲渡益、償還益への課税方法が改正され、いずれも20％（復興特別所得税を含めると20.315％）の申告分離課税となる。また特定口座の対象となり、「源泉徴収あり」を選択することもできる。上場株式等との損益通算や繰越控除もできるようになる。

9つの金融商品

■表3-8　投資信託の税金

		分配金	換金		
			買取請求 （売却益）	償還益	解約請求 （解約益）
国内籍株式投信	税率	配当所得 20％源泉徴収	譲渡所得 20％申告分離課税		
	確定申告	不要	原則必要		
外国籍株式投信	税率	配当所得 20％源泉徴収	譲渡所得 20％申告分離課税		――
	確定申告	不要	原則必要		
国内籍公社債投信	税率	利子所得 20％源泉分離課税	非課税 （ただし、売却益の20％ が差し引かれる）	利子所得 20％源泉分離課税	
外国籍公社債投信	税率	利子所得 20％源泉分離課税	非課税	利子所得 20％源泉分離課税	

※復興特別所得税を含めると最終税率はそれぞれ20.315％となる。

商品1　投資信託

2 商品 ETF［株価指数連動型上場投資信託］

> **ETFの特徴**
> 取引所に上場しており、各種のインデックス指数に連動するように運用される商品。
> 投資対象は異なるが、取引の仕組みは日本株と同じ。

　ETF（イー・ティー・エフ）とは、「Exchange Traded Fund（上場投資信託）」の略で、日経225や商品指数などのインデックスに連動する、取引所に上場している投資信託です。裏付けとなる資産を保有し、その資産は信託銀行に保管されています。

　世界最初のETFは、1990年3月にカナダで誕生したカナダ・トロント株価指数に連動するETFでした。2000年以降、市場は急成長し、2014年末でグローバルに約5,300本が上場しています。国内でも、約130本が上場し、10兆円以上の市場規模に拡大しました。本節では、国内の証券取引所に上場しているETFを取り上げます。

ETFの仕組み

　ETFの設定は、投資成果が指数に連動するように集められた指数を構成する株式パッケージと、ETFの受益証券を交換することから始まります。例えば、日経平均のETFであれば「日経平均を構成する225の銘柄」とETFの受益証券を交換するわけです。

　ただしこの設定や交換ができるのは、指定参加者と言われる、特別な投資家だけです。一般の投資家は交換により発行された受益証券を市場で取引することになります（図3-8）。

　ETFの受益証券と、指数を構成するそれぞれの株式は、ともに市場で価格変動しますが、受益証券と指数構成銘柄の間で裁定が働き、結果としてETFの値動きは株価指数にほぼ連動するようになります。また、純資産総額と株価指数との相関係数（2つの連動の度合いの数字。1.0なら完全に連動することを示す）が0.9以上を維持しないと上場廃止になるといったルールが設定されていますので、インデックス運用商品としてのクオリティは高いと言えます。

　ETFは株式やインデックスファンドと比較すると、商品性を理

■図3-8　ETF（現物拠出型）の仕組み

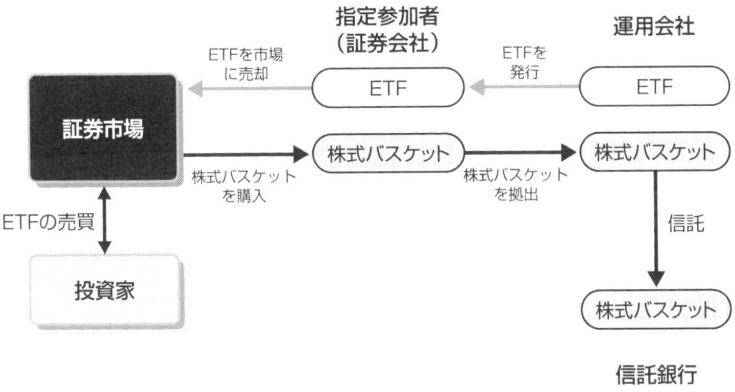

※指定参加者が市場で買い付けた現物株の集合を運用会社に拠出し、それをもとに運用会社がETFを設定し、
　指定参加者は運用会社より受益証券を受け取る。

（出所）投資信託協会ホームページ

■表3-9　株式・ETF・インデックスファンドの比較

	株式	ETF	インデックスファンド
上場の有無	上場		非上場
取引価格	市場価格		基準価額
取引価格の決定	取引所の取引時間中に決定		1日1回（通常午後3時）決定
信用取引	可能		不可能
売買手数料	株式と同じ		ノーロード（販売手数料ゼロ）が大半
信託報酬	なし	0.2％程度	0.4％以上
取引単位	銘柄による	口数指定	金額指定
税金	申告分離課税		個別元本方式
ドルコスト平均法	不可能		可能
リスク	個別銘柄リスク	複数銘柄投資によるリスク分散	

解することができます。

ETFのメリットとデメリット

　ETFのメリットは、低コストでインデックス運用を実践できることです。表3-9のようにETFは証券取引所に上場しており、株式と同じように時価で売買ができ、流動性の高い銘柄が殆どです。また、ETFは成行・指値といった株式と同じ注文方法も使え、信用取引の対象にもなります。

商品2　ETF

89

売買手数料は株式と同じようにかかりますが、保有期間中にかかる信託報酬は、インデックスファンドに比べて一般に低く設定されています。長期で大きな金額をインデックス運用する場合には、インデックスファンドよりETFがコスト面で有利と言えます。トータルでどちらの商品のコストが低くなるかは、具体的に売買手数料と信託報酬を計算して比較すればわかります。

ETFのデメリットは、インデックスファンドのような定額購入ができないことです。株式が株数でしか購入できないのと同じように、ETFは決められた口数でしか購入できません。金額を指定できないので、積立をすることもできません。ETFの商品性は、インデックスファンドと比較することで明確になります。

ETFの選び方

東京証券取引所のホームページには、上場しているETFが一覧表示されています。その中から、日本株式のインデックス運用に活用できる銘柄をリストアップしたのが表3-10です。ETFを使った投資は、日本株式のインデックスが中心になりますが、その中でも日経平均株価とTOPIXが代表的です。それぞれのインデックスに連動する商品数も複数あり、幅広い商品選択が可能です。

同じインデックスに連動する複数のETFの中からどの商品を選択するのかは、**信託報酬率、出来高、最低購入金額（口数）**、そして**市場価格と推定NAV**の乖離の4つを確認して決めると良いでしょう。

信託報酬率は、投資信託と同じように保有期間に対してかかるコストです。同じ投資対象であれば、運用成果に大きな違いはありませんから、単純に低いものを選択すべきです。次に、出来高です。出来高が大きいということは売買が活発で流動性が高く、売買コストを引き下げることができます。日によって出来高は変動しますが、平均して商いが活発なものを選ぶべきでしょう。

また、最低購入金額は、購入口数の最低単位に時価を掛けることで計算できます。銘柄によって購入単位が異なりますので、小さいものの方が少額で投資可能になります。

そして、市場価格と推定NAVの違いとは、市場価格の乖離を示すデータです。推定NAVとは、ETFの基準価額の推定値を株価をベースに取引所がリアルタイムで算出するものです。この数

■ETFの対象指数
日本株を対象とするETFを見ると、TOPIXや日経平均株価だけではなく、日本株にも多数のインデックスが存在していることがわかる。

■ETFの銘柄選択
TOPIX連動型が日本株インデックス投資の基本になるが、他のインデックスも取引状況を確認の上、投資対象として検討することができる。

90　第3章　個人投資家が使える9つの金融商品

■表3-10　東証に上場する日本株を対象とするETF銘柄例（抜粋）（2015年3月末現在）

対象指数	銘柄	銘柄名	売買単位（口）	信託報酬率（税別）
TOPIX	1305	ダイワ上場投信－トピックス	10	0.11%
	1306	TOPIX連動型上場投資信託	10	0.11%
	1308	上場インデックスファンドTOPIX	100	0.088%
	1348	MAXISトピックス上場投信	10	0.078%
日経平均株価	1329	iシェアーズ日経225ETF	10	0.17%
	1330	上場インデックスファンド225	10	0.225%
	1346	MAXIS日経225上場投信	1	0.17%
	1369	DIAM ETF日経225	1	0.155%
	1397	SMAM日経225上場投信	1	0.14%
JPX日経インデックス400	1593	MAXIS JPX日経インデックス400上場投信	1	0.078%
	1599	ダイワ上場投信－JPX日経400	1	0.18%
日経300	1319	日経300株価指数連動型上場投資信託	1000	0.52%
S&P日本新興株100	1314	上場インデックスファンドS&P日本新興株100	100	0.5%
TOPIX Core 30	1310	ダイワ上場投信－トピックス・コア30	10	0.22%
	1311	TOPIX Core 30 連動型上場投資信託	10	0.22%
TOPIX100	1316	上場インデックスファンドTOPIX100日本大型株	10	0.2%
TOPIX Mid400	1317	上場インデックスファンドTOPIX Mid400日本中型株	10	0.5%
TOPIX Small	1318	上場インデックスファンドTOPIX Small日本小型株	10	0.5%

（出所）東京証券取引所ホームページ

値と実際の取引価格が離れているということは、価格が割高になる可能性を示します（逆に割安になる可能性もあります）。この乖離が少ないものの方がよりインデックスに近い運用を実現できることになります。出来高や市場価格と推定NAVとのかい離は東京証券所のホームページで確認することができます。

　TOPIX連動型の4本のETFの中では、TOPIX連動型上場投資信託（1306）が、前述の4つの条件を最も満たす商品と言えます。

　また、新しいインデックスとして、**JPX日経インデックス400**が注目されています。これは、年金積立金管理運用独立行政法人（GPIF）が日本株のベンチマークとして採用を決定したことが原因です。詳しくは日本株のインデックス（商品4　101ページ）で説明します。ETFの選択は、どのインデックスを選択するかと、そのインデックスに連動する複数の商品の中でどれを選択するかという2つのプロセスで考えていくことになります。

投資信託とETFの「リレー投資」

　ETFは保有期間のコスト（信託報酬）が低く長期投資に向いた

商品2　ETF

91

商品ですが、積立によるドルコスト平均法が使えないという問題があります。

一方のインデックスファンドは定額の積立ができますが、保有コストがETFに比べ高いという問題があります。この2つの問題を解決する方法が「リレー投資」です。

インデックスファンドを使って月次の定額積立を行い、ある程度の残高になったら、ETFにスイッチする方法です。例えば、インデックスファンドで積立を行い、積立金額が100万円になったら全額売却しETFを購入する（図3-9）。このように、ドルコスト平均法のメリットを使いながら、買付時の手数料を節約し、保有コストを引き下げることができます。税金や利便性なども考慮して、2つの商品の使い分けを考えてみてください。

■リレー投資と税金
積立をしていたインデックスファンドは売却時に利益が出れば課税される。税効果まで考えれば、リレー投資をしない方が良い場合もある。

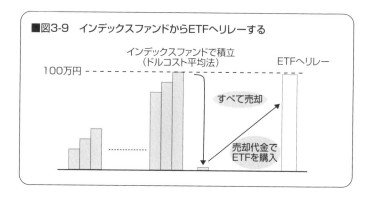

■図3-9　インデックスファンドからETFへリレーする

ETFの税金

国内上場投資信託（ETF）の税金については、国内の上場株式と同じ扱いとなっています。

売却益は譲渡所得として、20％（復興特別所得税を含めると20.315％）の申告分離課税です。

分配金は配当所得として、20％（復興特別所得税を含めると20.315％）の源泉徴収となります。

その他、損益通算、繰越控除、復興特別所得税については、日本株式の税金（104ページ）を参照して下さい。

column

投資信託の基準価額に対する誤解

株式に株価があるように、投資信託には基準価額があります。そして株式が株数でカウントされるように、投資信託は口数で数えられます。通常、ファンドは、1万口あたり1万円で設定され、毎日計算される基準価額は、1万口あたりの価格で表示されています。

基準価額の単純比較は無意味

基準価額が高いファンドは割高だと考えたり、逆に基準価額が低いファンドは運用力が弱いと考えている人がいますが、これは誤解です。

もし、まったく同じ運用方法で、基準価額が5千円のファンドと、2万円のファンドがあったら、どちらのファンドを選ぶべきでしょうか。

実はどちらを選んでも同じなのです。なぜなら、基準価額とは、そのファンドを設定した時と現在の相場水準によって決まってくるものだからです。

例えば、NYダウが5千ドルから、2万ドルまで急騰し、その後1万ドル下がったと仮定します。NYダウに連動する2つのインデックスファンドがあり、1つは5千ドルの時に設定、もう1つは2万ドルの時に設定されたとします。すると、NYダウが1万ドルになった時、前者の基準価額は2万円、後者は基準価額が5千円になっているはずです。同じ運用方法であっても基準価額は設定時期で変わってくるのです。

分配金も基準価額に影響する

分配金も基準価額に影響します。分配金を支払うと投資信託の基準価額はその分下がります。分配金を出しているファンドは出さないファンドに比べて、基準価額が低くなります。同じ運用方法のファンドでも、分配金の有無によって基準価額が変わってきます。このように基準価額とは投資信託の商品選択をする上では、判断材料にはなりません。

基準価額と口数で資産額を知る

基準価額は、分配金を除けば、ファンドの設定時期からの値上がり値下がりを示したものと言えます。設定時に買った人にとっては、自分が儲かっているか損しているかを知る手掛かりになりますが、途中で購入した人や、積立で購入している人には高いか低いかは、関係ありません。

保有している投資信託の資産価値の時価は、

時価＝保有口数×基準価額÷10,000

で計算することができます。自分が投資信託を何口保有しているかを把握していれば、資産価値がどうなっているかがわかります。基準価額は、ファンドを購入した後の管理をする際には重要な数値になるのです。

3 商品 海外ETF

> **海外ETFの特徴**
> 海外の株式や債券などへのインデックス投資に、海外ETFを活用できる。インデックスファンドとメリット・デメリットを比較した上で活用する。

　国内の証券取引所に上場するETFを「国内ETF」と呼ぶのに対し、海外の証券取引所に上場するETFを「海外ETF」と呼びます。

　海外ETFの仕組みは国内のETFと基本的には同じです。国内ETFとの違いは、商品が外貨建てなので為替取引が必要だという点です。国内のETFは日本株と同じように円で購入できますが、海外ETFは外貨で価格が提示され、個人投資家は円を外貨に交換した上で投資をすることになります。

海外ETFのメリットとデメリット

　海外ETFのメリットは国内ETF同様、保有コストの低さです。
　例えば、インデックスファンドと比較すると、外国株式を投資対象とする投資信託の信託報酬は、インデックスファンドでも最低でも年0.6％程度ですが、海外ETFのコストは年0.3％程度からとかなり低く抑えられています。
　一方で、外貨建ての商品ですから、売買時に為替手数料がかかります。さらに、外国株式と同じように売買手数料も別途かかりますから、少額で短期間に売買を行うと投資信託よりも割高になることもあります。為替手数料や売買手数料は証券会社によって異なりますから取引の前に確認しておきましょう。
　また、アメリカや欧州に上場している海外ETFの場合、時差があることから取引は夜間になります。

海外ETFと他のインデックス運用商品との比較

　海外ETFもインデックスファンドと比較すると、コスト、利便性に違いがあることがわかります。
　例えば、MSCIコクサイインデックスに投資する場合、海外ETFのiシェアーズMSCIコクサイETF（ティッカー：TOK）を

使うこともできます。これと同様の投資成果を、87ページで紹介したSMTグローバル株式インデックス・オープンのようなインデックスファンド使っても得られます。

　上記の2つの商品で比較すると、海外ETFが信託報酬年率0.25％であるのに対し、インデックスファンドは0.525％と海外ETFの方が低コストになっています。

　ただし、インデックスファンドはノーロードであれば、売買時に手数料がかからないのに対し、海外ETFは売買時に為替手数料と売買手数料がかかります。少額で短期間の運用を行う場合には、コスト面で割高になってしまうという問題があります。

　信託報酬がインデックスファンドよりも低く、流動性にすぐれた海外ETFであれば、長期保有を前提に投資をする価値があると言えるでしょう。売買時の為替手数料と売買手数料を合わせて、トータルのコストを比較する必要があります。

■トータルのコスト
投資金額や運用期間によってトータルのコストは変わってくる。厳密には税効果も考慮する必要がある。

　投資対象となる商品が、海外ETFにしかない場合は仕方ありませんが、インデックスファンドで同様の投資効果が低コストで実現できれば、敢えて海外ETFを活用する必要はありません。

　また国内ETFにも海外株式に連動した投資成果を目指すインデックスファンドが上場しています。ただしこちらは、円建てであること、投資家の殆どが日本の投資家になります。投資家層が限定されていることから、市場価格と推定NAVの乖離が大きくなる可能性があるものもあります。単純に比較することはできない商品です。

▍株式に投資する海外ETF

　海外ETFの投資対象は海外の株式・債券のインデックス型が中心になります。

　グローバルに株式の分散投資を行う場合に活用すべきなのは、グローバルな株式インデックスに連動する商品です。

　世界の株式市場は先進国、新興国（エマージングマーケット）、フロンティアマーケットの3つに分類できます。グローバルな株式の代表的なインデックスを算出するMSCI（モルガン・スタンレー・キャピタル・インターナショナル）社は、それぞれの構成国と構成比率を発表しており、機関投資家をはじめとする投資家のベンチマークとして活用されています（図3-10）。

商品3　海外ETF

95

■図3-10　MSCIの株式インデックスの分類方法

（出所）2015年4月1日現在　MSCIホームページより著者作成

　MSCI社の世界の株式インデックスは、先進国を対象とするMSCIワールド・インデックス（日本を除いたものがMSCIコクサイインデックス）、新興国を対象とするMSCIエマージング・マーケット・インデックス、フロンティアマーケットを対象とするMSCIフロンティアマーケットインデックスに分類され、先進国と新興国を合わせたインデックスはMSCIオールカントリー・ワールドインデックスになります。

　海外ETFを提供しているブラックロック社とバンガード社はそれぞれ、グローバルな株式インデックスに対応した海外ETFを商品として提供しています（表3-11、3-12）。

■表3-11　グローバルな株式指数に連動するETFの例（ブラックロック社）

銘柄名	ティッカー	連動対象インデックス	管理報酬等
iシェアーズMSCI ACWI ETF	ACWI	MSCI ACWI 指数	0.33%
iシェアーズMSCI EAFE ETF	EFA	MSCI EAFE指数	0.33%
iシェアーズMSCI コクサイETF	TOK	MSCI KOKUSAI指数	0.25%
iシェアーズMSCIエマージング・マーケットETF	EEM	MSCI Emerging Markets指数	0.68%
iシェアーズ・コアS&P 500 ETF	IVV	S＆P500指数	0.07%
iシェアーズ・コアS&P 中型株ETF	IJH	S&P MidCap 400 指数	0.14%
iシェアーズ・コアS&P 小型株ETF	IJR	S&P Small-Cap 600 指数	0.14%

（出所）ブラックロック社ウェブサイト（2014年末）

■表3-12　グローバルな株式指数に連動するETFの例（バンガード社）

銘柄名	ティッカー	連動対象インデックス	経費率
バンガード・トータル・ワールド・ストックETF	VT	FTSE Global All Cap 指数	0.17%
バンガード・FTSE・オールワールド（除く米国）ETF	VEU	FTSEオールワールド（除く米国）指数	0.14%
バンガード・FTSE・エマージング・マーケッツETF	VWO	FTSEエマージング指数	0.15%
バンガード・S&P 500 ETF	VOO	S＆P500指数	0.05%
バンガード・S&Pミッドキャップ400 ETF	IVOO	S&P MidCap 400 指数	0.15%
バンガード・S&Pスモールキャップ600 ETF	VIOO	S&P Small-Cap 600 指数	0.15%

（出所）バンガード社ウェブサイト（2015年2月末）

■表3-13　グローバルな債券インデックスに連動する代表的な海外ETFの例（ブラックロック社）

銘柄名	ティッカー	連動対象インデックス	管理報酬等
iシェアーズ世界国債（除く米国）ETF	IGOV	S&Pシティグループ・インターナショナル・トレジャリー・ボンド指数（除く米国）	0.35%
iシェアーズJ.P.モルガン・米ドル建てエマージング・マーケット債券ETF	EMB	J.P.モルガンEMBISM グローバル・コア指数	0.60%
iシェアーズ 米国国債 1-3年 ETF	SHY	バークレイズ米国国債（1-3年）指数	0.15%
iシェアーズ 米国国債 7-10年 ETF	IEF	バークレイズ米国国債（7-10年）指数	0.15%
iシェアーズ 米国国債 20年超 ETF	TLT	バークレイズ米国国債（20年超）指数	0.15%

（出所）ブラックロック社ウェブサイト（2014年末）

　　　一方、グローバルな債券のインデックスは、先進国の国債を対象としているS&Pシティグループ世界国債インデックスと、新興国を対象とするJPモルガンエマージングマーケットインデックスが代表的です。

　　　これらのような指数に対応する海外ETFとして、表3-13のような商品が提供されています。

商品3　海外ETF

海外ETFはファンドの規模が大きくなるにつれ、価格競争が発生し、エクスペンスレシオ（年間にかかるコスト）が低下していく傾向があります。ただし、国内のネット証券などを経由して売買を行う場合には、売買手数料と、為替手数料がかかります。

海外ETFの税金

海外ETFにかかる税金は、売却時に利益が出た場合、配当・分配金が支払われた時、それぞれに課税されます。

■売却益にかかる税金

売却益に関しては、「譲渡益税」（キャピタルゲイン課税）がかかります。ただし、日本の投資家のような非移住者に対しては、米国、香港においての課税はありません。譲渡益税は国内での課税となり、申告分離課税として売却益の20％が課税されます。

■分配金にかかる税金

分配金が支払われた時にかかる税金は、米国の場合、現地と日本国内の両方で課税されるため、注意が必要です。米国で上場しているETFから分配金が支払われると、米国内で分配金の10％が課税され、さらに日本においても20％の源泉徴収が行われます。その際の税額は、米国では現地で支払われた分配金の10％、日本においては現地税引後分配金に為替レートを掛けた金額に対して、源泉徴収率20％となります。

米国と日本で二重課税されてしまうことになりますが、米国で支払った税金については、確定申告を行うことで、「外国税額控除」として還付を受けられます（外国税額控除制度とは、国際的な二重課税を回避するために、外国で得た所得に対して支払った税金を、自国での納税額から控除する仕組みです）。

なお、香港で上場しているETFは、分配金には課税されないので、外国税額控除制度の適用はありません。

■復興特別所得税

上記のほか、譲渡所得、配当所得等の所得税の額に対し、税率2.1％で復興特別所得税が課税されます。

海外ETFの税金に関する詳細は、金融機関で最新情報を確認するようにして下さい。

column

ラップ口座選択の決め手は「コスト」

ラップ口座の残高が急拡大しています。ラップ口座とは、投資家が証券会社や信託銀行と投資一任契約を結んで、資金の運用から管理までを任せるサービスです。資産運用をオーダーメイドでお任せできるという点では、バランスファンド（49ページ）より、進化した商品に見えますが、見逃してはいけないのは「トータルのコスト」です。

ラップ口座は高コスト商品

国内の信託銀行や証券会社が提供するラップ口座にかかる手数料は、資産残高に対して、年2％前後です。しかし、実際にかかるコストは、それだけではありません。多くの場合、投資信託を使って運用していますから、組み入れている投資信託の信託報酬もコストとして追加されます。

さらに、その投資信託がファンド・オブ・ファンズ型の商品であったりすると、投資信託の中で投資しているファンドのコストもかかってしまうケースもありうるのです。

運用方法によって変わってきますが、大まかなコストを計算すると、ラップ口座自体の運用報酬（年間2％前後）に投資信託の信託報酬（年間1％～1.5％）を合計して、年間3％以上のコストになります。

もし1億円の残高でコスト3％なら、年間300万円。これは、かなりの金額です。

低コストの「ETFラップ」も登場

国内の高コストなラップ口座に対抗して、海外の証券口座を活用した低コストのラップ口座も登場しました。

例えば「お金のデザイン」という会社は、アメリカのネット証券の口座を使い、海外ETFと日本国内の投資一任契約を組み合わせた低コスト・高品質のサービスを開始しています。海外の証券会社から海外ETFをダイレクトに買い付けることによって、トータルの年間コストを最低で0.75％まで抑えています。口座開設手続きなどは、国内金融機関のラップ口座に比べ煩雑になりますが、国内よりも選択できる金融商品は幅広く、投資の効率性を高められます。

もし、残高1,000万円で運用コストを2％引き下げることができれば、年間20万円のメリットがあります。これが10年続けば、200万円もの差になってくるのです。

投資商品は、商品のメリットとコストを比較して選択することが大切です。利便性が高い商品であっても、高コストで思い通りの成果が上げられなければ、価値はありません。

商品3　海外ETF

4 日本株式

日本株式の特徴

長期的にインデックスを上回る運用成果はプロでも難しい。
個別銘柄の選択を自分で行うアクティブ運用には
十分な知識と経験が必要。

初心者はインデックス運用から始める

　日本株は、日本の個人投資家にとってもっとも馴染みのある投資対象です。「投資＝日本株投資」と考えている人が未だにいますが、日本株式というアセットクラスの1つとして、どのような運用を行っていくかを考えて、投資商品を選択すべきです。

　TOPIXや日経平均といった日本株のインデックスのリターンを個人投資家が個別銘柄の選択で長期的に上回ることは極めて難しく、特に投資の初心者は株式の個別銘柄を選択するよりも、まずは投資信託やETFを使ってインデックス運用から入っていくのが良いでしょう。

　図3-11は2004年末を100とした時の最近10年間のTOPIX（配当金込み）の推移です。リーマンショック以来低迷してきた日本株式ですが、2012年の秋頃からは上昇基調に転じています。

■図3-11　日本株のインデックス（配当込み）の推移

※データ期間：2005年〜2014年。2004年末を100として指数化
Copyright © 2015 イボットソン・アソシエイツ・ジャパン株式会社

■表3-14　日本株と他の資産とのリターンとリスクの比較（現地通貨ベース）

資産	リターン（年率平均）	リスク（標準偏差）
日本株式	3.90%	19.82%
米国株式	7.67%	15.93%
欧州株式	5.36%	18.13%
新興国株式	10.27%	20.19%
外国債券	4.76%	3.72%

※データ期間：2005年〜2014年

Copyright © 2015 イボットソン・アソシエイツ・ジャパン株式会社

株式投資のメリットとデメリット

　株式投資によって、株主は表3-15のような権利を得られるようになります。しかし、株式投資で投資家が得られる最も大きなメリットは、株価の上昇による*キャピタルゲインです。また、株主の権利となっている配当金や株主優待なども、投資のメリットとして考えることができます。

■キャピタルゲイン
「株式売却益」のこと。これに対し配当金のことをインカムゲインと呼ぶ。

　株式投資は成功すると大きなリターンを得られますが、値上がりする銘柄を選択するのは簡単ではありません。また、個別銘柄投資はリスクの大きな投資でもあります。個別銘柄は一般に市場全体より変動が大きく、最悪の場合は投資先が破綻して大きな損失を被ることもあり得ます。

■表3-15　株主の主な動き

株主の権利	内容
株主総会の議決権	株主総会の決議に投票する権利（1単元につき1票）
利益配当請求権	配当を受けられる権利。持株数に比例
残余財産分配請求権	会社が解散した際、持株数に応じて残余財産の分配を受けられる権利
その他	帳簿閲覧権、株主提案権など

日本株式のインデックス

　日本株のインデックスとしては日経225株価指数が圧倒的な知名度を誇りますが、インデックスの完成度としては、必ずしも高くありません。日経225株価指数は日本経済新聞社が選んだ225銘柄の単純平均であり、構成銘柄は東京証券取引所第一部に上場している大型銘柄に限定されます。また、時価総額ではなく株価によって構成比率が決まるため、株価の大きな「値がさ株」の影響

■表3-16　代表的な株価指数の概要

株価指数	起算日と基準値	構成銘柄数	算出方法
日経平均株価（日経225）	1950年9月7日（1949年5月16日まで遡及計算）算出開始	東京証券取引所第一部銘柄の中から225銘柄を選出。	各銘柄の「みなし額面」を設定しダウ式により算出。毎年10月に構成銘柄を見直し、銘柄入替を行う
東証株価指数（TOPIX）	1968年1月4日を100として算出	東京証券取引所第一部の全銘柄	時価総額加重方式（浮動株調整）
JPX日経インデックス400	2013年8月30日を10,000として算出	東京証券取引所第一部・二部、マザーズ、JASDAQ上場銘柄の中から時価総額、売買代金、ROE等を基に400銘柄を選出	時価総額加重方式。毎年8月に銘柄の定期入替を行う

（出所）各社資料

が大きくなるという問題もあるのです。

　実際、機関投資家の多くは、**TOPIX（東証株価指数）**をインデックスとして採用しています。TOPIXは、東京証券取引所第一部に上場しているすべての銘柄の時価総額を指数化したものです。新興市場などの銘柄が含まれていないという意味で網羅性は完全ではありませんが、日経225に比べると指数としての指標性は高いと言えます。

　また、最近注目を浴びているJPX日本株のインデックスが**JPX日経インデックス400**です。この指数は、日本経済新聞社と日本取引所グループ、東京証券取引所が共同で開発、運営するものです。構成銘柄の選出に資本効率性を示す**自己資本利益率（ROE）**などを用いているのが特徴で、毎年8月に定期的に構成銘柄が見直されます。

　120兆円の公的年金を運用する年金積立金管理運用独立行政法人（GPIF）が、国内株式のインデックス運用のベンチマーク（運用指標）に採用したことで注目が高まりました。

　同じマーケットを対象にしていても、インデックスによって値動きは異なります。個人投資家が日本株の銘柄選択を行う場合は、これらのインデックスを上回ることができなければ、アクティブに運用する意味がありません。

日本株式の分析方法

　株式の分析手法として使われている代表的なものが、ファンダ

■自己資本利益率（ROE）
当期純利益を自己資本（株主資本）で割って求める指標。株主資本に対しどれくらいの利益を上げられているかを示し、数値が高いほど資本効率・経営効率が高いとされる。

メンタルズ分析とテクニカル分析です。

　ファンダメンタルズ分析とは、企業の財務情報のような定量的な数字や、経営者の資質といった定性的な評価から企業の投資価値を分析しようとするものです。一方のテクニカル分析とは、チャート分析とも呼ばれ、過去の株価の推移や出来高の変化などから将来の株価の予測を行おうとするものです。

　ファンダメンタルズ分析の定量評価の指標として代表的なものは、PER、PBR、配当利回りなどです。これらは、株価の水準を過去と比較して評価する際に使われます。

■PER（株価収益率）

PER＝株価÷1株当たり年間税引後利益

　株価を「1株当たり年間税引後利益」で割った数、つまり1年間に儲けられる金額の何倍が株価であるかを示しています。例えばPERが20倍という数値であれば（金利を考慮しないで単純に考えると）、20年分の利益が織り込まれていることになります。

■PBR（株価純資産倍率）

PBR＝株価÷1株当たり純資産

　株価がその会社の資産の何倍ぐらいか、株価を「1株当たり純資産」で割った数値です。つまり、その会社が今日で解散するとしたらどれぐらいの価値があるのかがわかる指標です。PBRが1倍より小さいとしたら、解散した方が今の時価総額よりも高いことになり、計算上は会社として存在する価値がないことになります。

■配当利回り

配当利回り＝年間の配当金÷株価

　株価に対して年間の配当金がどれぐらいかを示しています。東証一部の平均は1.38％となっています（2015年3月末時点）。配当利回りの数値が大きければ、配当金が高いか、配当の割に株価が安いかのどちらかです。成長性の高い会社であれば、配当利回りが低くなり、成長が鈍化している業種では、配当利回りが高くなる傾向があります。

　PERが高いほど株価は「割高」、PBRが高いほど株価は「割高」、配当利回りが高いほど株価は「割安」となります。また、定量化できない定性的な企業の価値というものも存在します。例えば、経営者の資質、従業員のクオリティ、商品の魅力、など様々です。

■PBR
PBRが1倍を割れている銘柄が市場には存在するが、バランスシート上の企業評価価値よりも、市場の評価が低いことを示している。

9つの金融商品

これらは、数値化して評価することが難しく、最終判断にはどうしても主観的判断が入ってしまいます。

一方の、テクニカル分析は移動平均、ローソク足といった過去のマーケットのデータからパターンを分析し、そこから将来のマーケットの動きを予測しようとするものです。その前提にある考え方は、過去のマーケットと将来のマーケットには、相関関係があるというものです。相関があるからこそ、そのパターンを見つけることができれば、予測が可能になるわけです。しかし、株価の動きに関しては無秩序でランダムな動きになることが多いということがわかっています。

テクニカル分析で将来の動きを予想することは、特に株式市場においては、あまり効果的な手法ではないと考えます。

▌日本株式の税金

株式の税金には、配当金にかかる配当課税、株式の売却時に値上がり益に対してかかるキャピタルゲイン課税があります。

配当金は20％（所得税15％、住民税5％）の税率で源泉徴収されます。

株式の売却益も譲渡所得として、20％（所得税15％、住民税5％）の申告分離課税となります。なお、特定口座の「源泉徴収あり」を選択すれば、確定申告をする必要はありません。ただし、一定の場合に適用される優遇措置などを受けたい場合は確定申告が必要になります。

なお、NISA口座（210ページ）で取引した株式の配当金・売却益はすべて非課税となります。

■損益通算と繰越控除

配当金も「源泉徴収あり」の特定口座で受け取ることができ、上場株式等の譲渡損益および公募株式投資信託の分配金、解約や償還、売却による損益との損益通算ができます。また、損益通算しても売却損が残る場合、翌年以降3年間損失の繰越控除ができます（確定申告が必要です）。

■復興特別所得税

2013年1月から25年間にわたって、通常の所得税額に対し、2.1％の税率で復興特別所得税が課税されます。これを含めると税率は実質20.315％となります。

■2016年からの税制改正
2016年1月から、特定公社債（国債、地方債、外国国債・外国地方債・公募公社債・上場公社債、一定の社債など）や公募公社債投資信託等の利子、分配金、譲渡益、償還益への課税方法が改正され、いずれも20％（復興特別所得税を含めると20.315％）の申告分離課税となる。また特定口座の対象となり、「源泉徴収あり」を選択することもできる。上場株式等との損益通算や繰越控除もできるようになる。

column

資産運用にもホームドクターが必要

ここ数年、プライベートバンクの認知度が高まってきています。プライベートバンク業界は、伝統的にスイスの銀行が強みを持っています。漫画「ゴルゴ13」のイメージのせいか、未だに資産隠しや税逃れに使えると思っている人がいますが、これは大きな誤解です。

プライベートバンクとは富裕層向けに、専門の担当者がきめ細かいサービスを提供する金融機関です。担当者は、リレーションシップマネージャーと呼ばれ、金融商品の説明だけではなく、ビジネスからプライベートの相談まで、顧客からの幅広いリクエストに対応していくことで、信頼関係を築いていきます。

プライベートバンクの特徴

プライベートバンクだからといって、錬金術のような魔法の商品があるわけではありません。リスクとリターンに見合った金融商品をテーラーメイドで組み合わせて、アセットアロケーションを完成させていくアプローチは、本書で説明しているやり方とまったく同じです。

ただし、投資金額が大きくなってくると、オーダーメイドでオリジナルな金融商品を組成してもらうことができます。例えば、米国株に投資したいが、為替リスクは取りたくないという場合、アメリカの現地通貨建ての株価に連動する債券を作ることができます。自分が取りたいリスクだけを切り出して、金融商品に仕上げてくれる。通常の投資は、並んでいる商品から選択することになりますが、プライベートバンクであれば、投資家から細かい注文を出して商品を組成することができるのです。これが、通常の証券会社の商品との決定的な違いです。

日本人富裕層の意識変化

ここ数年、日本の富裕層の意識にも変化が見られます。国内でビジネスをしている富裕層は、プライベートもビジネスもすべてが日本に集中している状態です。震災によってその集中リスクを強烈に意識することになり、リスクの分散という観点から、海外へ資産を移す動きが出てきています。また国内の富裕層への課税強化の動きから、海外移住する人も増えています。

富裕層の金融資産を国内から海外にシフトさせる際、グローバルな資産運用の専門的な知識を持ったお金の専門家は大きな力になります。

資産運用のホームドクター

かかりつけの医者や顧問税理士といった専門家を持つのと同じように、資産運用に関しての信頼できるパートナーが必要です。投資商品の勧誘をするだけでなく、長期的な見通しに基づいて、資産を守るためのアドバイスを提供する。

資産運用にも専門のアドバイザーを持つことが、日本でも当たり前になってきたのです。

商品4　日本株式

5 商品 日本債券

日本債券の特徴

為替リスクが無く、満期時には原則円ベースでの元本が確保されている商品。
社債よりも国債を使った守りの資産運用をするべき投資対象。

国内債券のメリットとデメリット

 日本債券とは円建てで発行される債券です。外貨建てで発行される外国債券のような為替のリスクもなく、発行している国、企業などが満期まで破綻しなければ、元本が確保されるリスクの低い商品です。ただし、国内では低金利が続いており、高い利回りは期待できません。投資によってリターンを狙う商品というより、株式や外貨資産と組み合わせることによって資産全体のリスクを軽減させるための商品と考えた方が良いでしょう。

 日本債券には企業が発行する社債もありますが、発行している会社の信用リスクを取ることになります。守りの投資で敢えて個別企業のリスクを取る必要はなく、日本債券は信用リスクの低い国債を使って運用すべきです。

 個人投資家が選択できる日本の国債は、表3-17と表3-18のように個人向け国債と新型窓口販売方式国債に分けられます。購入単位と金利の決定方法の違いに注意しましょう。

個人向け国債と新型窓販国債の違い

 個人向け国債は、満期まで金利が変わらない固定金利のものと、途中で金利が上下する変動金利のものがあります。

 一方の、新窓販国債はすべて固定金利になっています。新窓販国債は最低購入金額が5万円で、5万円単位での購入となります。

 2つの国債の大きな違いは最低購入金額だけではありません。中途換金の方法に違いがあります。新窓販国債は普通の国債と同様に、換金時の価格を計算します。金利が上昇している場合、債券の価格は下落しますから、**換金時の国債価格によっては元本割れの可能性**があります。一方、個人向け国債は、中途換金する時には、直近2回分の利子に一定の比率を掛けた金額が差し引かれま

■表3-17 個人向け国債の種類と概要

商品名	個人向け国債		
	変動10年	固定5年	固定3年
満期	10年	5年	3年
金利	変動金利	固定金利	固定金利
金利水準	基準金利× 0.66	基準金利− 0.05%	基準金利− 0.03%
金利の下限	0.05%		
利払い	年2回（半年ごと）		
購入単位	最低1万円から1万円単位（額面金額100円につき100円）		
償還金額	額面金額100円につき100円（中途換金時も同じ）		
中途換金	発行後1年経過すれば中途換金可能 （直前2回分の各利子（税引前）相当額×0.79685※1が差し引かれる）		
発行頻度	毎月（年12回）		

※国債の利子は受取時に20.315%の税金が源泉徴収される。

■表3-18 新型窓口販売方式国債の種類と概要

商品名	2年固定利付国債	5年固定利付国債	10年固定利付国債
満期	2年	5年	10年
金利水準	発行ごとに市場実勢に基づき財務省で決定		
利払い	年2回（半年ごと）		
購入単位	最低5万円から5万円単位		
購入限度額	1申込みあたり1億円		
販売価格	発行ごとに財務省で決定		
発行頻度	毎月（年12回）		
収益性 （いずれも利子は 変動なし）	**購入後に市場金利上昇** 元本の時価が目減りするので、満期前に売却すると元本に売却損が出ることもある。利子は変わらない		
	購入後に市場金利下落 元本の時価が増えるので、満期前に売却すると元本に売却益が出ることもある。利子は変わらない		
中途換金	市場でいつでも売却が可能（売却益／売却損が発生） 国の買い取りによる中途換金制度はなし		

（出所）財務省ホームページを元に著者作成

商品5 日本債券

すが元本割れすることはありません。その代わりに、利率は普通の国債より低くなっています。

個人投資家はどの国債を活用すべきか

■基準金利の出し方
例えば、変動10年の基準金利であれば直前の10年固定利付国債の入札の平均落札利回りから、固定5年の基準金利であれば直前の市場実勢利回りを元に計算した期間5年または3年の固定利付国債の想定利回りから算出する。

　個人向け国債の金利は基準金利*をベースに決められます。この基準金利というのは、それぞれ発行する直前の10年、5年、3年の固定利付国債の入札結果、または市場実勢利回りから計算した想定利回りをベースにしています。その基準金利から、それぞれの国債の種類ごとに決められた計算式によって金利が決定されます。

　一方の新窓販国債は、市場実勢金利に基づき、財務省が決定することになっています。

　国債の商品選択に際し検討すべきポイントは、金利水準と今後の見通し、そして中途換金時の売却金額の計算方法です。

　例えば、2015年4月現在の直近の金利水準とそこから計算される各国債の金利は、表3-19のようになっています。

　今後、金利水準が上昇するのか下落するのか、また短期と長期でどの期間の金利が変動するのかによって、どの国債を選択すべきかは変わってきます。

　金利が上昇すると予想するのであれば、変動金利型の個人向け国債を選択すべきです。固定型の商品は受け取る金利が決まっていますが、変動金利型であれば、金利の上昇と共に受け取る利子も増加することになるからです。固定金利の新型窓口販売方式国債の場合、金利上昇時に中途換金すると元本割れになる可能性もあります。

　逆に金利が低下すると予想するのであれば、期間が長い新窓販国債の10年を選択すべきです。

　日本国内の金利は、低水準で推移しており、今後さらに金利が低下する可能性もありますが、国債の金利には個人向け国債であれば下限金利（0.05％）が設定されており、金利低下には限界があります。

　今後、金利が上昇し債券価格が下がる場合を想定すれば、個人向け国債の変動10年を選択するのが、良いと考えます。

国内債券の税金

　債券に関係する税金のうち、国債に関係するのは、利子を受け

■表3-19　国債の金利の決定方法と各国債の直近の金利

商品名	新型窓口販売方式国債			個人向け国債		
	2年 固定	5年 固定	10年 固定	変動 10年	固定 5年	固定 3年
金利の 決定方法	発行ごとに市場実勢に基づき 財務省で決定			基準金利 ×0.66%	基準金利 −0.05%	基準金利 −0.03%
直近の金利	—	年率 0.1%	年率 0.4%	初回利子の 適用利率 0.24%	年率 0.05%	年率 0.05%
日付は2015年 の発行日	金利低下の ため2014年 11月債から 募集していない	5月13日	5月13日	5月15日		

※いずれも税引き前の表面利率

■2016年からの税制改正
2016年1月から、特定公社債（国債、地方債、外国国債・外国地方債・公募公社債・上場公社債、一定の社債など）や公募公社債投資信託等の利子、分配金、譲渡益、償還益への課税方法が改正され、いずれも20％（復興特別所得税を含めると20.315％）の申告分離課税となる。また特定口座の対象となり、「源泉徴収あり」を選択することもできる。上場株式等との損益通算や繰越控除もできるようになる。

取った時と、新窓販国債を満期前に売却した時です。

■利子にかかる税金

利子に関しては、利子所得として一律20％の源泉分離課税（所得税15％、住民税5％）がかかります。ただし、通常の所得税額に2.1％の税率で復興特別所得税が課されるため、これを付加した税率は20.315％になります。

■売却時の税金

新型窓口販売方式国債を満期前に売却した場合の売却益は、非課税です。逆に売却損になった場合も税額控除の対象にはなりません。

■国債以外の国内債券一般にかかる税金

利付債の償還差益は雑所得として、総合課税の対象になります。国内割引債の償還差益は、18.378％（復興特別所得税を含む）の源泉分離課税です（購入時に課税）。どちらも売却益は非課税となります。

なお、利率が0.5％（期間5年未満の債券は0.2％）未満の債券や国外発行の割引債券（いわゆるゼロクーポン債）など特殊な債券の売却益は、原則的には譲渡所得として総合課税となります。

商品5　日本債券

6 外国債券

外国債券の特徴

為替リスクと金利リスクを持つ商品。
通常は固定金利で発行されている。
クーポンが低く、割引発行される低クーポン債もある。

　外国債券とは、外貨建てで発行された債券を指します。外国政府や外国企業が円建てで発行するサムライ債のようなものは日本債券と同じように為替リスクを持たない商品であり、外国債券には含めません。逆に、日本企業がドル建てなどで発行する債券は、発行体が日本企業であっても、外国債券に含めて考えます。

外国債券のメリットとデメリット

　世界の長期金利の動きを見ると、図3-12のように長期低下傾向にあることがわかります。2015年3月からは欧州中央銀行（ECB）も量的緩和に踏み切り、日米欧の先進国主要3エリアで、中央銀行が非伝統的な金融緩和を進める状態になりました。世界的な低金利状態は当面続くことが予想され、債券運用によるインカムゲインは、期待できなくなっています。

　外国債券のメリットは、発行体が破綻しなければ、現地通貨ベースで元本と利金が保証されていることです。これは、日本債券にも共通する特徴ですが、外国債券には為替リスクが存在します。円安になれば為替差益が、円高になれば為替差損が発生します。

　また、外国債券にも信用リスクや金利リスクがあります。発行体が万一債務不履行になれば、元本や利金の一部が戻ってこないこともあります。市場の金利が上昇すれば、債券の価格は下落します。金利が上昇しても満期まで保有すれば、元本は100％償還しますが、中途換金の場合売却損が発生する可能性があります。中途換金の売却価格は投資家に不利になることが多く、満期までの保存を原則にすべきです。

利付債と低クーポン債

　外国債券は通常は固定金利の**利付債**として発行されます。期間と利率が決まっていて、年に1回あるいは数回の利払いがありま

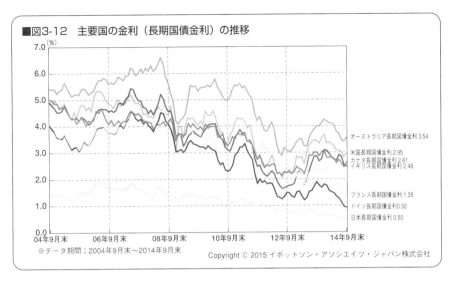

■図3-12 主要国の金利（長期国債金利）の推移

オーストラリア長期国債金利 3.54
米国長期国債金利 2.95
カナダ長期国債金利 2.61
イギリス長期国債金利 2.48
フランス長期国債金利 1.35
ドイツ長期国債金利 0.92
日本長期国債金利 0.50

※データ期間：2004年9月末〜2014年9月末
Copyright © 2015 イボットソン・アソシエイツ・ジャパン株式会社

■利付債と割引債
利付債は利率に従って計算された利子が支払われる債券。発行時に利率が固定されている固定利付債と、利率が決まっておらず市場金利によって変動する変動利付債がある。割引債（ゼロクーポン債）は利子の支払いがないが、購入金額が額面金額よりも安く売り出されるため、購入金額と満期の償還金額との差が利子相当分の利益となる。米国ストリップス債などが該当する。

す。満期になると元本が戻ってきます。

クーポン（利子）の利率を0.5%程度に低く抑え、その分当初の購入金額を割引して発行されるのが**低クーポン債**です。以前は期間中に利払いが発生しない割引債（ゼロクーポン債）として発行されていたのですが、税制上の理由から低金利のクーポンが支払われるタイプが主流になっています（図3-13）。

低クーポン債に該当する債券は、償還期限と利率によって定められています。

■図3-13 利付債と低クーポン債の仕組み

利付債
・額面金額100万円、利率年5%、利払い年1回、満期5年債の例

購入時	利子（クーポン）	利子	利子	利子	償還金額100万円
	5万円	5万円	5万円	5万円	利子5万円
額面金額100万円（購入金額100万円）	1年	2年	3年	4年	5年（償還時）

（償還金額100万円＋利子5万円×5回）−購入金額100万円＝利益25万円

低クーポン債 額面金額100万円、利率年0.5%、利払い年1回、満期5年債の場合
・利子が少ない代わりに額面金額より安く購入できる

購入時	利息（クーポン）は低い				償還金額100万円
	5千円	5千円	5千円	5千円	利子5千円
額面金額100万円（購入金額77万5千円）	1年	2年	3年	4年	5年（償還時）

償還金額100万円＋利子2万5千円−購入金額77万5千円＝利益25万円

信用リスクは格付けから判断する

　債券には発行体によって信用リスクが発生します。国債であれば国の信用力、社債であれば発行する企業の信用力が影響することになりますが、その判断材料になるのが、格付け[*]です。

■格付けの限界
格付けは投資判断の参考になるが、信用度が悪化していく過程では、現状の後追いになってしまい、判断材料にならないこともある。

　格付けは格付機関と呼ばれる専門の会社が調査して決定しています。代表的な格付機関として、米国の**スタンダード＆プアーズ**（S&P）社、**ムーディーズ**（Moody's）社があります。

　表3-20はS&P社が行っている長期発行体格付ですが、最も信用度の高い最上級の格付けAAA（トリプルA）からBBB（トリプルB）までが投資適格と呼ばれ、それ未満の格付けになると信用リスクの高い投機的格付と呼ばれています。格付けが低いほど信用力は下がりますが、その分債券の利率は高くなり、ハイリスク・ハイリターンの投資になります。

外国債券の選び方と投資の原則

　債券に直接投資する場合、一般の個人投資家のように資金的な制約がある場合はあまり多くの銘柄に分散することは現実には困難です。

■表3-20　S&Pのソブリン格付け（長期発行体格付け）の意味（抜粋）

格付	格付けの意味
AAA	債務者がその金融債務を履行する能力はきわめて高い。スタンダード＆プアーズの最上位の発行体格付け。
AA	債務者がその金融債務を履行する能力は非常に高く、最上位の格付け（「AAA」）との差は小さい。
A	債務者がその金融債務を履行する能力は高いが、上位2つの格付けに比べ、事業環境や経済状況の悪化からやや影響を受けやすい。
BBB	債務者がその金融債務を履行する能力は適切であるが、事業環境や経済状況の悪化によって債務履行能力が低下する可能性がより高い。
BB、B、CCC、CC	「BB」、「B」、「CCC」、「CC」に格付けされた債務者は投機的要素が大きいとみなされる。この中で「BB」は投機的要素が最も小さく、「CC」は投機的要素が最も大きいことを示す。これらの債務者は、ある程度の質と債権者保護の要素を備えている場合もあるが、その効果は、不確実性の高さや事業環境悪化に対する脆弱さに打ち消されてしまう可能性がある。

注：「AA」から「CCC」までの格付けには、プラス記号またはマイナス記号が付されることがあり、それぞれ、各カテゴリーの中での相対的な強さを表わす。
（出所）スタンダート＆プアーズ

したがって、多くの債券を買ってリスクを分散させるより、**信用度の高い債券に絞る**のが現実的です。このような観点からは、格付けの低い社債などは避けるのが原則となります。債券は確実に利子を受け取ることを目的に投資する守りの商品です。金利差にひかれて信用度の低い債券に投資するのは避けるべきでしょう。**「債券で信用リスクはできるだけ取らない」**が原則です。

外国債券の税金

外国債券の税金は、表3-21のように債券の種類によって異なります。また、利子、中途売却時の売却益・為替差益、そして償還時という3つの場合に分けて整理するとわかりやすいでしょう。

利子に対しては、国際機関が発行したサムライ債を除き、20%（復興特別所得税を含めると20.315%）の源泉分離課税になります。中途売却時に税金がかかるのは、低クーポン債とゼロクーポン債です。売却益は譲渡所得となりますが、下記のように所有期間によって特別控除額が差し引かれます。

所有期間5年以内の場合：所得金額＝譲渡益－50万円
所有期間5年超の場合：所得金額＝(譲渡益－50万円)×1/2

償還差益に対しては、債券の種類に関わらず、雑所得として総合課税の対象になります。

みなし外国税額控除制度

また、ブラジル、中国、フィリピンなど、租税条約を締結している外国の発行体がグローバルに国外で発行し、その利子が国内の支払いの取扱者によって交付される債券の利金については、みなし外国税額控除が適用され、還付が受けられる場合があります。

■2016年からの税制改正
2016年1月から、特定公社債（国債、地方債、外国国債・外国地方債・公募公社債・上場公社債、一定の社債など）や公募公社債投資信託等の利子、分配金、譲渡益、償還益への課税方法が改正され、いずれも20%（復興特別所得税を含めると20.315%）の申告分離課税となる。また特定口座の対象となり、「源泉徴収あり」を選択することもできる。上場株式等との損益通算や繰越控除もできるようになる。

■表3-21　外国債券の税金

外債の種類		利子	売却益・為替差益	償還差益
利付債		利子所得 20%源泉分離課税※	非課税	雑所得 総合課税
低クーポン債		利子所得 20%源泉分離課税※	譲渡所得 総合課税	雑所得 総合課税
ゼロクーポン債（割引債）		－	譲渡所得 総合課税	雑所得 総合課税
サムライ債 （円建で外債）	世界銀行など国際機関発行のもの	利子所得 総合課税	非課税	雑所得 総合課税
	その他	利子所得 20%源泉分離課税※	非課税	雑所得 総合課税

※復興特別所得税を含めると20.315%の源泉分離課税となる。

7 [商品] 外国為替証拠金取引 [FX]

外国為替証拠金取引（FX）の特徴
レバレッジにより少額資金で大きな額の取引が可能。
為替手数料は外資投資商品の中では最低レベル。
外貨の売りもでき、円高でも円安でも収益を上げられる。

外国為替取引は金融市場で最も流動性の高いマーケットです。1997年の外国為替管理法の改正によって内外の資本取引が自由化されたことをきっかけに生まれたのが、FXと呼ばれる「外国為替証拠金取引」です。

外国為替証拠金取引（FX）の仕組み

外国為替証拠金取引とは、証拠金を担保にして、ドル／円やユーロ／円などの通貨間の売買をその証拠金の数倍から数十倍の取引単位（金額）までレバレッジをかけて行える金融商品です。

レバレッジ取引によって少額で効率的な運用ができ、為替相場の動きが保有ポジションに有利な方向に動けば大きな収益をあげることが可能です。しかし、不利な方向に動いた場合は大きな損失を被る危険があります（図3-14）。証拠金に対しての値動きが大きく、大きなリスクを伴う商品です。証拠金の何倍まで為替リスクを取っているかを示すレバレッジは、金融庁によって規制が強化され、現状国内ではレバレッジ25倍が上限となっています。これは顧客保護、FX会社のリスク管理、過当投機の防止、といった観点から、導入されたものです。

外国為替証拠金取引は、元本*（現物）の移動交換を伴わない取引です。買った通貨は売り戻す、逆に売った通貨は買い戻すことを原則に、その一連の売買の差額（損益）だけを決済（差金決済）します。そのため元本（売買通貨）ではなく、差額を決済するための証拠金を預けることにより投資額以上の想定元本による取引が可能となるのです。しかも外貨買いからでも外貨売りからでもどちらでもスタートすることができます。

外国為替証拠金取引ではスポットレート（取引日から2営業日後に受け渡しをするレート）で取引を行いますが、2営業日後の受渡しをすると取引が続けられないため、*ポジションが日々ロール

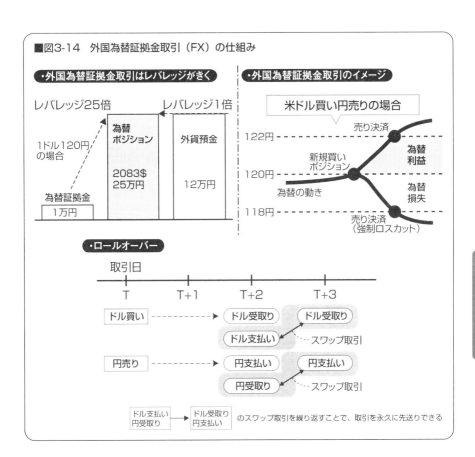

オーバーされていきます（図3-14）。

ロールオーバーとは1日の取引が終了した時点で受渡日を自動的にもう1日先に繰り延べることです。ロールオーバーを毎日繰り返すことにより、保有している外貨取引のポジションの受渡日が到来することは無くなり、決済を先に延ばすことができます。これによってポジションを長期間保有することが可能となります。

外国為替証拠金取引のメリット

外国為替証拠金取引は、株式や債券に投資をする商品ではなく、外貨取引によって金利差や為替変動からリターンを狙う取引です。外貨取引に特化した商品として、個人投資家の間で急激に広がり、取引業者が激しい競争をしています。他の商品にはない様々なメリットがあります。

■ポジション
「ロングポジション」とは買いポジション、「ショートポジション」とは売りポジションのこと。現物の移動交換を伴わない仮想取引のため買い／売りポジションを取る、と表現する。

■現受の場合は実際に通貨の交換が行われる（121ページ）。

■為替手数料
外貨MMFなどでは、1つのレートに為替売買手数料がかかるが、外国為替証拠金取引の場合はレート自体に0.4銭程度（ドル円の場合）のスプレッド（差）があり、それぞれのレートから為替手数料を計算する。
外国為替証拠金取引の取り扱い会社では米ドルで片道0.2銭のところもある。また外貨預金でもソニー銀行のように米ドルやユーロで片道15銭と低コストのところもある。

■メリット1　為替手数料が他の商品に比べ安い

　大手銀行で外貨預金をする場合、例えば米ドルの売り買いの往復であれば1米ドルにつき2円の手数料がかかります。また、証券会社の外貨MMFなどの取引でも片道20銭（往復で40銭）程度の手数料がかかります。ところがFXの場合、手数料がかからないところが殆どです。

　ただし、為替証拠金取引では売りと買いの価格に差があり、この価格差を**スプレッド**と言います。外貨預金や外貨MMFなどの取引では為替の価格は売買とも同じで、そこからそれぞれ手数料がかかる形になっています。市場取引でリアルタイムの売買を行うFX取引では、実際の為替市場の取引形態と同じ方式を採用しているのです。

　スプレッドは、取引会社、取引通貨によって異なりますが、ドル円で0.4銭程度、ユーロ円で1銭〜1.5銭程度の会社が多いようです。また、経済指標の発表やニュースなどで市場が大きく変動する場合は、このスプレッドが開くことがあります。

　スプレッドを考慮に入れたとしても、他の外貨取引に比べ取引コストは圧倒的に低いと言えます（表3-22）。

■表3-22　取引コストの比較（為替手数料とスプレッド）

	米ドル	ユーロ	豪ドル
外貨預金（大手銀行）	1円	1円50銭	2円
外貨MMF（ネット証券）	20〜30銭	ー	60〜70銭
為替証拠金取引（店頭FX）	0.3〜0.5銭	0.6〜1.5銭	0.7〜2銭

※1通貨あたり片道。2015年4月現在

■メリット2　外貨の「買い」からも「売り」からも取引が可能

　外貨預金や海外に投資する投資信託のような外貨建て投資商品は、外貨の買いからしか取引できません。したがって円安にならないと為替による収益は得られないことになります。一方、FXは外貨の売りからスタートすることもできます。つまり円安だけではなく円高局面でも利益をあげられる可能性があるということです。

　例えば、円高ドル安を予測する場合、ドルを売り、ドル安円高になったところでドルを買い戻して利益をあげることができます。逆に、円安ドル高が進むことを予測するなら、ドルを買い、ドル高となったところでドルを売ってポジションを解消できます。

■外貨の売り
日本より金利の高い外貨を売る場合、金利の支払いが発生する（スワップポイントの支払い）。売りポジションで為替が動かなくてもスワップでやられてしまうことになる。

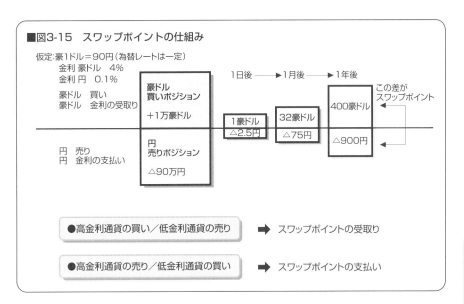

■メリット3　レバレッジ効果で投資資金以上の外貨運用が可能

　FXでは、預け入れた証拠金を担保として、最大25倍までの資金を運用することが可能です。この倍率をレバレッジと言います。

　この仕組みによって、少額の資金で大きなポジションを作ることができ資金の効率性は高まりますが、リスクも高くなります。

■メリット4　スワップポイントを受け取ることができる

　相対的に高金利の通貨の買いポジションを持った場合、スワップポイントを受け取ることができます。スワップポイントとは、金利の異なる通貨を取引・保有した場合に生じる**金利差**のことです。相対的に金利の安い通貨を売り、高い通貨を買うポジションを保有するとスワップポイントを受け取ることになります。反対に、金利の高い通貨を売り、低い通貨を買うポジションを保有すると、金利差はマイナスとなり、スワップポイントを支払うことになります（図3-15）。

　日本の個人投資家の場合、円を売って外貨の買いポジションを保有するケースが殆どですが、円金利は他の通貨に比べ金利水準が低く、外貨の買いポジションでは、スワップポイントの受け取りになります。逆に、円買い外貨売りのポジションでは、スワップポイントの支払いになることが多くなります。ただし、円の短期金利が外貨の短期金利より高くなれば状況は逆転します。

■レバレッジ
FXのレバレッジは、国内では最大25倍に規制されているが、海外のFX会社は、金融庁の規制の対象外になっている。

■メリット5 24時間リアルタイム取引が可能

■FX取引が最も活発になるのは、フランクフルト、ロンドンなど欧州市場の開けからニューヨーク市場の引けにかけての時間帯。日本時間では夕方の16時頃から翌朝6時頃になる（冬時間の場合）。

　為替は世界中の市場で取引されているため、24時間相場が変動します。東京市場での取引が終わる夕方には、ロンドン市場などで取引が開始され、その後はニューヨーク市場に主要取引が移り、翌日はウェリントン、シドニー市場から取引が開始し、再び東京市場での取引につながります。また、日本の祝日にも海外で取引されており、基本的に土・日曜日、元旦を除き、いつでも取引が可能です。

　外貨預金や外貨MMFは適用為替レートがリアルタイムではなく、例えば日本時間の深夜に大きな相場変動があっても翌日にならないと対応できませんが、FXであれば変動があった時点で取引が可能です。また、ストップロス注文などの機能を使えば、自分が市場を見ていない時でも自動的に取引をすることができます。

外国為替証拠金取引のデメリット

　メリットの欄にも書きましたが、FX取引はレバレッジを使って、少ない資金で大きなポジションをとることができる取引です。資金の効率性は高まりますが、リスクもその分大きくなります。

■リスクコントロールロスカットを設定しないまま、高いレバレッジをかけて外貨の買いポジションを積み上げていた人は、急激な円高局面で大きな損失を出すことになった。

　FX取引は一時多くの個人投資家が参入して、大きなリスクを取って資産を大きく殖やす人もいましたが、その多くはその後相場の変動によって資産を失いました。[*]リスクコントロールが自分でできない人には向かない取引と言えます。

　また、為替取引は、上がるか下がるかを当てるだけのゼロサムゲームであり、デイトレードのような短期売買の繰り返しで利益をあげられるのは限られた投資家だけであることを知っておくべきでしょう。

店頭FXと取引所FXの違い

　FX取引は大きく、**店頭FX**と**取引所FX**に分けられます（表3-23）。店頭FXとは一般のFX取引会社を通じた取引で、取引所FXとは東京金融取引所の「くりっく365」によるFX取引を指します。

　店頭FXは、FX取引のシェアの8割以上を占めるとされ、数十社の取引業者が激しい手数料競争を繰り広げています。店頭取引は、取引所取引と区別する意味で、**相対取引**（あいたいとりひき）

と呼ばれることがあります。

　店頭FXのメリットは取引コストの低さです。例えば、ドル円のスプレッドは1銭未満が通常で、取引所FXであるくりっく365に比べると売買コストが低い場合が多くなります。

　また、店頭FXは、1通貨単位～1,000通貨単位で取引が可能な取扱業者もあり、最低取引単位が1万通貨単位となっているくりっく365よりも少額です。

　一方、くりっく365では外国為替市場に参加する複数の金融機関から価格データの提供を受け、その中で最も安い売値と最も高い買値を抽出し、リアルタイムで提供しています。**マーケットメイク制度**と呼ばれる仕組みです。そのため、投資家にとって一番有利な取引レートで取引できます。

　また、2種類の通貨の金利差相当額であるスワップポイントに関しても、受け取るスワップと支払うスワップが同額に一本化されています。店頭FXの場合、受け取るスワップポイントより支払うスワップポイントの方が大きいといったケースもあり、投資家にとっては不利益な設定になっています。

　くりっく365に参加できるFX業者は、財務力に余力のあるFX

■通貨ペア
取引できる通貨ペアの数が多かったとしても、為替市場で取引量の少ないマイナーな通貨同士のペアほどスプレッドが高くなる。そのため実際に取引するには15～20ペアくらいあれば十分と言える。

9つの金融商品

■表3-23　店頭FXと取引所FX（くりっく365）の違い

	店頭FX	くりっく365
取引時間	土日を除く毎日ほぼ24時間	原則、土日・元旦を除く毎日ほぼ24時間
税率	為替差益・スワップポイントともに雑所得 一律20％（復興特別所得税を含めると20.315％）の申告分離課税	
取引価格	取引するFX会社に提示された価格	マーケットメイク制 （複数のマーケットメイカーにより提示された価格の中で最も有利な価格）
スワップポイント	一般に売りスワップが高く、買いスワップが低い（顧客に不利）	同一通貨ペアでは売りスワップ・買いスワップ共に同額（顧客に不利はない）
取扱い通貨ペアと取引通過単位	10～50ペア（概ね1千通貨単位）	19ペア（1万通貨単位） 4ペア（10万通貨単位）
証拠金の保全	信託契約に基づき信託銀行による分別保管（ただし取引会社による）	取引所（東京金融取引所）に全額預託の上、取引所による分別保管

（出所）各社HPを元に著者作成。2015年4月現在

商品7　外国為替証拠金取引

業者に限られています（2015年4月現在15社）。投資家の預ける証拠金は、**取引所に全額預託されるので、FX業者に万が一のことがあっても投資家の資産は保護される**ことになります。店頭FXの場合は、各社によって対応が異なりますが、信託銀行と信託契約を締結し、証拠金を信託口座にて区分管理することでFX会社の資産と分別して管理するのが通例です。

　なお、レバレッジ規制に関しては、2011年8月から最大25倍に制限されていますが、規制対象は個人顧客のみで、法人口座はレバレッジ規制の対象外です。

外国為替証拠金取引の活用法

　外国為替証拠金取引は、通貨を交換してそのまま保有している取引と考えることができます。為替の変動による収益や、スワップポイントによる収益などを狙って取引をすることも考えられますが、理論的には金利差は長期的に為替レートの変動によって調整されることになり、日々のスワップポイントを稼ぐキャリートレードで収益を安定的に上げるのは簡単ではありません。

　またレバレッジをかけた状態で長期間ポジションを保有すると、短期的な相場の大きな変動時にポジションが強制ロスカットされてしまう可能性も高まります。

　外国為替証拠金取引の活用としては、外貨資産の長期の投資先としてよりも、ヘッジ手段や、外貨の現物を受け取る手段として活用するのが良いと考えます。

■ヘッジ手段としてのFX活用

　投資信託や外債などで外貨投資を行っている間に、円高に相場が振れることがあります。投資している商品を売却して対応する方法もありますが、売買にはコストや手間もかかります。また税金上のデメリットが発生する可能性もあります。

　そこで、一時的に外貨保有比率を減らすためにFX取引の売りを行い、**ポジションを相殺する**のです。例えば、米国株式に投資する投資信託を100万円保有している時、円高懸念が高まったと判断したら、投資信託を売却するのではなく、FXでドル売り円買いのポジションを作るのです。100万円分の売りポジションになれば、為替リスクは完全に排除されることになります。

　ただし、ヘッジをかけても予想通りに円高にならなければ、外

■レバレッジ規制
25倍のレバレッジでも為替が4％逆方向に動けば元本がすべてなくなる計算になる。

■キャリートレード
スイスフランを売ってユーロを買うキャリートレードは、2015年2月のスイス中央銀行の政策変更により大きな損失を被った。

■売りと買いのポジションを同額に両建てしてポジションを相殺することを、ポジションをニュートラルにする、ポジションをスクエアーにする、などという。

貨投資の円安メリットを逃してしまうことになります。リスクを
ヘッジするということは、リターンも放棄しているということを
忘れないようにしましょう。

■外貨の現物受け入れ

　FXの現物受け入れ（現受）とは、FX取引の外貨の買いポジシ
ョンを円に戻さずに、そのまま受け取ることを指します。通常の
FX取引では、外貨の買いポジションは売りの取引によって相殺
し、利益が出た場合は日本円で引き出しますが、**ポジション自体
を外貨のまま受け取る**方法です。

　具体的には、まず銀行から国内送金でFX会社に証拠金を振り
込みます。

　そして、外貨の買いポジションを作り、振り込んだ円貨額と同
金額の外貨の現受の取引を行います。外貨が調達できたら今度は
FX会社から外貨の出金をして、銀行に外貨の国内送金を行いま
す。振込手数料無料の銀行を使えば、国内送金にはコストはかか
りません。

　また、FX会社から銀行への外貨の振込も、手数料はFX会社負
担であればコストはゼロです。このようにすれば、銀行にある円
資金をコストなしに外貨に変換することができます。

　海外不動産投資のように、多額の外貨を調達する場合には、現
受は大きなメリットのある方法と言えます。

外国為替証拠金取引の税金

　2012年から店頭FXと取引所FXの税制が一本化されました。為
替差益とスワップポイントは、雑所得となり、一律20%＊（所得税
15%・住民税5%）の申告分離課税となります。ただし、給与所
得者で年収2,000万円以下の場合で、かつ給与・退職所得以外の所
得の合計が年間20万円以下の場合は、確定申告の必要はありませ
ん。

　損失の繰越控除が翌年から3年間可能です。ただし繰越控除の
適用を受けるためには、損失が出た年分から毎年、確定申告をす
る必要があります。

　またFXの利益は、他の先物取引（「日経225」「TOPIX」など
株価の先物取引や金（ゴールド）など）と損益通算できます。た
だし、株式の売買益などとの損益通算はできません。

■復興特別所得税
2013年1月から25
年間にわたり、通常の
所得税額に対し2.1%
の税率で復興特別所得
税が課税されている。
これにより最終税率は、
20.315%となってい
る。

8 商品 REIT［不動産投資信託］

> **REITの特徴**
>
> 少額資金から不動産に分散投資できる、上場投資信託。投資対象はオフィスビル、商業用施設、居住用不動産などが中心だが、ホテル、倉庫などのバリエーションもある。

　REITは、投資信託の仕組みを使って投資家からの資金を集め、複数の不動産物件に分散投資することで収益を得ようとする仕組みです。ETFと同じように証券取引所に上場し、株式のようにいつでも売買することができる商品です。

　REITと実物不動産投資の違いは、表3-24のように比較できます。

REITの仕組み

　REITは、投資家から集めたお金と、投資法人が借りてきたお金を合わせて不動産を購入することになります。投資法人が借金をして、お金を積み上げて投資するわけですから、ファンド自体にレバレッジがかかっています（図3-16）。

　それぞれのREITに物件の目利きをするファンドマネージャーがいて、投資対象を選んでいます。組み入れる不動産は大型のオフィスビルやショッピングセンターなどが多く、個人で投資をするのに比べると規模が大きくなります。複数の物件に投資されているので、空室リスクは分散されていると言えます。

REITのメリットとデメリット

　REITのメリットは、小口で流動性があり、分配金があり、プロが運用してくれる分散投資型の商品だということです。

　自己資金では買えないような大型の物件や都心にあるオフィスビルなどに、少額から投資することができます。そして株式のように上場しているので、実物不動産に比べると流動性が圧倒的に高い商品です。さらに、賃貸収入の90％以上が分配金として支払われることになっているので、インカム収入も期待できます。

　一方でREITへの投資の問題点としてあげられているのは、投資情報の不足と**利益相反の可能性**です。

■表3-24 REITと現物不動産投資の違い

	REIT	現物不動産
投資金額	小さい（銘柄によっては数万円から）	大きい（数百万円以上）
流動性	高い（取引所取引）	低い（相対取引）
物件の分散	容易	困難
投資対象	オフィスビル、居住用不動産、ホテルなど多様	主に居住用不動産
レバレッジ	低い	高い（フルローンも可能）
税制メリット 減価償却	なし	あり
税制メリット 課税評価	時価（日本株式と同じ）	相続財産の評価額を低くできる

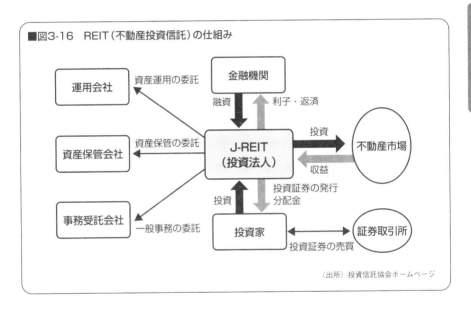

(出所) 投資信託協会ホームページ

■投資情報のディスクローズ

　投資情報の不足とは、投資判断のための情報を収集するのが難しいということです。目論見書には物件の詳細な情報が開示されていますが、組み入れている不動産の質（築年が浅いかどうか、長期優良テナント案件が多いかどうか）や空室率についての見通しなどの評価には専門的な知識が必要です。情報があったとしても分析ができなければ、投資判断はできません。

これらの不動産の質の分析は、素人にはなかなか判断できません。

■不動産会社と不動産投資法人との利益相反

もう1つは利益相反*の可能性です。投資法人は自ら資産運用を行わず、資産運用は運用会社が行うことになります。運用会社の株主となっている不動産会社も不動産を保有し、管理事業などを行っていることから、REITの事業と競合します。その結果、REITの投資家に不利益がもたらされる懸念があります。

REITに組み入れられる物件に関しては、ホームページなどで開示されています。それぞれのREITにどのよう物件が組み入れられているか、投資をする前に確認が必要です。

REITを現物の不動産と比較した場合、投資金額が小さく、流動性が高いというメリットがありますが、現物不動産のように減価償却によって建物の一部を費用として計上することはできません。また、相続時の評価にも違いがあります。現物不動産は、相続時には土地が路線価で評価され、建物は固定資産税評価額に基づいて算出されます。また、第三者に貸していると、さらに2〜3割の評価減となります。REITにはこのような税制上のメリットはありません。

レバレッジに関しても、現物不動産の場合、借入を100%まで行うようなフルローンが可能になることもあり、自分でコントロール可能ですが、REITの場合、レバレッジ*は2倍前後のものが殆どです。

REITの分類

REITの分類方法はいくつかありますが、投資対象による分類、投資地域による分類、決算期による分類などによって銘柄選択の参考にすることができます。

投資対象としては、オフィスビルに投資するもの、ショッピングセンターに投資するもの、居住用不動産に投資するもの、その他、に分類できます。投資地域による分類も東京の物件に投資するもの、地方都市の物件に投資するもの、全国に分散して投資するものといった分類ができます。

またREITの投資金額は数万円から100万円以上までとかなりバラつきがあります（表3-25）。詳細については東京証券取引所のサイトや各投資法人のサイトでも確認できます。

■利益相反
REITは銘柄間の運用競争が激しくなってきている。魅力の無い銘柄は投資家から敬遠されるようになってきており、REITを取り巻く環境は変わりつつある。

■レバレッジ
不動産投資法人が借入れを行っているので、レバレッジがかかっている。

■表3-25 東証に上場しているREITの例（抜粋）

銘柄コード	銘柄名	決算期	時価(円)	予想利回り(%)	運用資産
8951	日本ビルファンド投資法人	6月・12月	590,000	2.61%	事務所主体型
8952	ジャパンリアルエステイト投資法人	3月・9月	572,000	2.76%	事務所主体型
8953	日本リテールファンド投資法人	2月・8月	239,800	3.48%	商業施設主体型
8954	オリックス不動産投資法人	2月・8月	168,500	3.12%	総合型
8955	日本プライムリアルティ投資法人	6月・12月	416,000	3.06%	総合型
8956	プレミア投資法人	4月・10月	657,000	3.20%	総合型
8957	東急リアル・エステート投資法人	1月・7月	153,000	3.19%	総合型
8958	グローバル・ワン不動産投資法人	3月・9月	398,500	2.61%	事務所主体型
8959	野村不動産オフィスファンド投資法人	4月・10月	576,000	3.30%	事務所主体型
8960	ユナイテッド・アーバン投資法人	5月・11月	186,900	3.10%	総合型
8961	森トラスト総合リート投資法人	3月・9月	234,200	3.25%	総合型
8964	フロンティア不動産投資法人	6月・12月	558,000	3.30%	商業施設主体型
8966	平和不動産リート投資法人	5月・11月	94,100	3.67%	総合型
8967	日本ロジスティクスファンド投資法人	1月・7月	250,000	3.10%	物流施設主体型
8968	福岡リート投資法人	2月・8月	224,500	2.99%	総合型
8972	ケネディクス・オフィス投資法人	4月・10月	658,000	3.34%	事務所主体型
8973	積水ハウス・SI レジデンシャル投資法人	3月・9月	130,100	3.27%	住居主体型
8975	いちご不動産投資法人	4月・10月	99,200	3.21%	総合型
8976	大和証券オフィス投資法人	5月・11月	652,000	2.71%	事務所主体型
8977	阪急リート投資法人	5月・11月	148,500	3.41%	総合型
8982	トップリート投資法人	4月・10月	491,000	3.73%	総合型
8984	大和ハウス・レジデンシャル投資法人	2月・8月	262,200	3.30%	住居主体型
8985	ジャパン・ホテル・リート投資法人	12月	82,300	2.80%	ホテル主体型
8986	日本賃貸住宅投資法人	3月・9月	84,600	3.82%	住居主体型
8987	ジャパンエクセレント投資法人	6月・12月	155,300	3.16%	事務所主体型
3226	日本アコモデーションファンド投資法人	2月・8月	462,000	3.25%	住居主体型
3227	ＭＩＤリート投資法人	6月・12月	288,700	4.07%	事務所主体型
3234	森ヒルズリート投資法人	1月・7月	169,600	2.81%	事務所主体型
3240	野村不動産レジデンシャル投資法人	5月・11月	665,000	3.49%	住居主体型
3249	産業ファンド投資法人	6月・12月	554,000	3.21%	複合型
3269	アドバンス・レジデンス投資法人	1月・7月	284,200	3.18%	住居主体型
3278	ケネディクス・レジデンシャル投資法人	1月・7月	359,500	3.41%	住居主体型
3279	アクティビア・プロパティーズ投資法人	5月・11月	1,068,000	3.06%	総合型
3287	星野リゾート・リート投資法人	4月・10月	1,417,000	2.37%	ホテル主体型
3455	ヘルスケア＆メディカル投資法人	1月・7月	164,500	1.59%	ヘルスケア施設主体型

※2015年4月6日時点。

（出所）アイビー総研株式会社ホームページ（http://www.japan-reit.com）なお本文の内容に同社は関知しない

9つの金融商品

REITの銘柄と活用法

　国内の超低金利が続く中、REITの配当利回りは、他の金融商品に比べ相対的に高くなっています。2015年4月6日時点のREITの配当利回りは2～4％程度で、長期金利（10年国債利回り）が1％以下で推移していることから、2つのイールド・スプレッド（金利差）は、3％前後となっています（図3-17）。また、株式の配当利回りは1.38％（2015年3月末、東証一部平均）ですから、株式と比較してもREITの利回りは高いと言えます。

　国内で上場しているREITは、運用資産等の総額に占める不動産等の額の比率が70％以上、さらに不動産関連資産及び流動資産等の合計額の比率が95％以上であることが求められています。また配当可能利益の90％超を配当することで法人税が免除されることになっており、税制面での優遇措置を受けるため、**利益の大半が配当金として投資家に支払われます**。

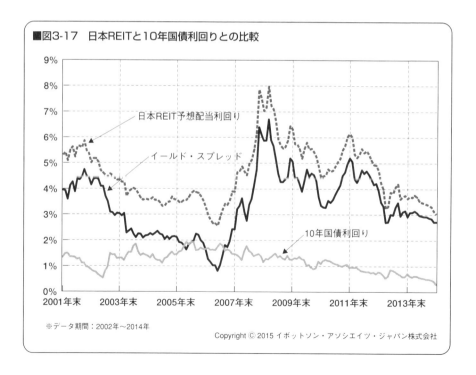

■図3-17　日本REITと10年国債利回りとの比較

※データ期間：2002年～2014年

Copyright © 2015 イボットソン・アソシエイツ・ジャパン株式会社

■表3-26　日本REITと他の資産との相関係数

	日本株式	日本債券	外国株式	外国債券	日本REIT	グローバルREIT
日本株式	1.00	−0.26	0.80	0.67	0.65	0.70
日本債券	−0.26	1.00	−0.28	−0.10	0.06	−0.11
外国株式	0.80	−0.28	1.00	0.75	0.57	0.87
外国債券	0.67	−0.10	0.75	1.00	0.42	0.61
日本REIT	0.65	0.06	0.57	0.42	1.00	0.59
グローバルREIT	0.70	−0.11	0.87	0.61	0.59	1.00

※データ期間：2005年～2014年

Copyright ⓒ 2015 イボットソン・アソシエイツ・ジャパン株式会社

■空室リスク
1つのワンルームマンションだけを保有していると空室率は0％から100％になるが、投資物件が分散できれば、空室リスクは変動を抑えることができる。

どのREITにも不動産特有の空室リスク、地震などの災害リスク、賃料や不動産価格自体の下落リスクなどが存在します。さらに金利の上昇は、長期的に借り入れコストの上昇になりますので、REITにとってはマイナスの影響となります。

REITは株式との相関は比較的高くなりますが、債券との相関は低く（表3-26）、資産全体の中に一定の比率で組み入れることによって分散投資効果が期待できます。リスクに関しても過去のデータでは株式と同じ程度の変動があり、賃料を裏付けとした分配金の安定性は株式の配当よりは安定していると考えられますが、低リスクの商品ではありません。配分比率としては、資産全体の10％を上限にREITあるいはREITに投資する投資信託を組み入れると良いでしょう。

REITに投資する投資信託の場合、REIT自体のコスト以外に投資信託の信託報酬がかかってくることになります。REIT自体が投資対象の分散を図っているので、敢えて投資信託で分散する必要が無いとも言えます。複数のREITに分散して投資する場合はオフィスビル、ショッピングセンター、居住用など投資対象の種類を分けるようにしましょう。

┃REITの税金

REITの売却益は上場株式等の譲渡所得として、20％の申告分離課税となります。

また、分配金は配当所得として、20％の源泉徴収が行われます。

ただし、復興特別所得税を含めると税率はいずれも20.315％となります。その他、損益通算や繰越控除については、日本株式（104ページ）の項を参照してください。

商品8　REIT　　127

9 オルタナティブ投資

> **オルタナティブ投資の特徴**
>
> 絶対リターンを追求する運用。
> ヘッジファンドとプライベートエクイティに
> 代表される。

「オルタナティブ＝Alternative」とは、「代替」「代わりの」といった意味の英語です。従来の伝統的な投資は株式、債券などに投資して、値上がり益や金利・配当を狙うものでした。オルタナティブ投資とは、買いと売りポジションを組み合わせる投資や、未上場企業に投資を行うといった、伝統的な投資手法とは異なる代替的な投資手法という意味です。オルタナティブ投資の代表は、本節で説明するプライベートエクイティとヘッジファンドですが、不動産や商品先物を使った投資も、オルタナティブ投資商品に分類されることがあります。

オルタナティブ投資商品とは

オルタナティブ投資は新しい投資対象が次々に生まれる新しい市場なので、分類方法は様々ですが、「ヘッジファンド」「プライベートエクイティ」そして、その他の投資というように整理するとわかりやすいでしょう。(図3-18)。

■プライベートエクイティ

プライベートエクイティは、ベンチャーキャピタルと再生系ファンドに分けられます。**ベンチャーキャピタル**はこれから成長する可能性のある企業に資金を提供し、企業の成長をサポートしながらリターンを得ようとするものです。投資先が期待通り成長すれば莫大なリターンが実現できますが、事業に失敗すれば投資資金が回収できなくなるリスクもあるハイリスク・ハイリターン型の投資です。したがって通常は複数の企業へ分散して投資を行い、リスクをコントロールしながら高いリターンを目指します。

再生系ファンドは経営がうまくいかない企業に資金や人材等の経営資源を投入し、企業の建て直しを支援しながら投資資金の回収をすることでリターンを追求するものです。

プライベートエクイティは投資期間が数年から10年以上と長期

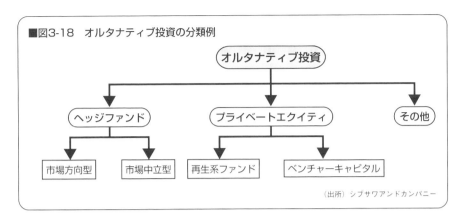

■表3-27 ヘッジファンドの主な運用手法

戦略	運用手法
ロング・ショート戦略	株式の個別銘柄を定性的あるいは定量的に分析し、割安と考えられる銘柄をロング（買い）・ポジション、割高と思われる銘柄をショート（売り）・ポジションにして組み合わせる戦略。通常の買いだけからの投資よりも、高いリターンを目指す。
マクロ戦略	経済のファンダメンタルズや市場間の価格差に着目して調査を行い、作成した将来のシナリオに沿って、割安と判断される資産を購入、割高と判断される資産をショートする手法。 あらゆる資産クラス（株式、現物、先物、デリバティブ、商品等）の活用が可能。
マーケットニュートラル戦略	株式のロングとショートのポジションを組み合わせた取引を行い、定量的アプローチによってシステマティックリスクを排除し、市場全体の変動から発生する変動からポートフォリオを中立化させる。個別銘柄要因などの特定のリスク要因だけからリターンを狙う戦略。
アービトラージ戦略	主に、債券やCB（転換社債）、金利スワップ、金利オプションなどの商品について、価格の歪み（割安・割高）を発見し、割安な金利商品を購入すると同時に、相対的に割高な商品をショート（売り）することによって収益を狙う戦略。

（出所）各種資料より著者作成

であり、投資信託のような個人投資家の投資しやすい仕組みに馴染みにくい投資対象です。個人投資家向けの小口商品は、殆ど提供されていません。

■ヘッジファンド

ヘッジファンドは運用手法や投資対象、リスクの種類などによって様々な領域に分かれています。大きく分けると、**市場の方向性について判断を行い収益を目指す市場方向型**と、市場の動きのリスクを取らずに市場間に生じた歪みを利用して収益を狙う**市場中立型**の2つがあります。ヘッジファンドというと市場の方向性に大きくリスクを取る、いわゆるマクロ戦略のハイリスク・ハイリターンな取引を想定する人が多いようですが、それだけではあ

■オルタナティブ投資の中でもヘッジファンドなどは直接購入する場合、投資金額が最低でも10万ドル程度からと高く、また広く一般に募集をしているわけではないので、誰にでもできる投資とは異なる。

りません。一般的には**市場の歪みや情報の格差を使って絶対リターンを追求するファンド**、ととらえることができます。

2つのポイント－エッジとソーシング

オルタナティブ投資の投資成果を左右するのは、投資対象を的確に判断しリターンに結びつける能力、とそのような有望な投資対象にアクセスできる能力です。前者を**エッジ**（Edge）、後者を**ソーシング**（Sourcing）と呼んでいます。

エッジとはそのファンドが持っている優位性のことです。他のファンドには無い特別な運用のノウハウ、トレードアイディア、などがあれば他の市場参加者に対して相対的に優位に立つことができ、超過リターンが期待できます。オルタナティブ投資の場合、このようなエッジを持つファンドかどうかの見極めは投資信託に比べても、さらに困難です。なぜなら公募ファンドのように過去のファンドのパフォーマンスがデータベースとして公表されているわけではなく、情報収集が困難だからです。

一方の**ソーシング**とは、**有望な投資対象にアクセスできる能力**のことです。優秀な運用成績を収めるファンドは資金が一定規模以上まで膨らむと、新規の資金の受け入れを停止します。これは運用資産が大きくなりすぎることによって運用成績が低下することを防ぐためです。オルタナティブ投資（特にヘッジファンド）においては、ファンドサイズよりもファンドのパフォーマンスに重点がおかれます。なぜならオルタナティブ投資商品には運用成績に応じて支払われる成功報酬があり、優秀なファンドは自分の運用に最も適したファンドサイズでの運用を行い、高い成果を継続することを求めるからです。

このようにオルタナティブ投資商品に対しては、運用者に対する独自の目利きやコンタクト方法が必要であり、*ゲートキーパーと呼ばれるファンドの目利きを活用するのが現実的です。

ヘッジファンド投資のインデックス

ヘッジファンドの代表的な指数がHFRXグローバル・ヘッジファンド・インデックスです。米国最大手のヘッジファンド調査会社であるHFR（ヘッジファンド・リサーチ）グループが作成し、2003年3月末から公表しています。

■成功報酬
オルタナティブファンドは通常の信託報酬とは別に、一定の運用成績を残した際にファンドから差し引かれる設定になっているものが多い。投資家から見れば良好な運用にかかるコストということになる。これを成功報酬と言う。

■ゲートキーパー
ファンドの目利きを行うオルタナティブ投資の専門家。

HFRX指数は、ロング・ショート、マクロといった様々な戦略のヘッジファンドから構成され、四半期ごとに選定やリバランスを行いインデックス化されています。

原則として、投資可能で、50百万米ドル（約60億円）以上の運用資産を保有し、2年以上の運用実績があるファンドが選ばれています。

オルタナティブ投資商品との付き合い方

絶対的なリターンを追求するオルタナティブ投資商品ですが、リーマンショックの直後からのパフォーマンスを他の資産と比較すると、冴えない結果になっています。

2009年3月以降のHFRXグローバル・ヘッジファンド指数と、株式を代表するMSCIワールド株式指数、そして債券を代表するバークレイズ・グローバル・アグリゲート債券指数の比較をすると、大きな差が出ました。

2014年9月までの騰落率で比較すると、HFRX指数が22％の上昇に対し、MSCIワールド株式指数はほぼ3倍に上昇。バークレイズ・グローバル・アグリゲート指数も32％上昇しました。

ヘッジファンドの投資を長年行ってきた米国の年金業界ではヘッジファンドを運用対象から外す動きが出ています。

例えば、全米最大の年金基金であるカリフォルニア州職員退職年金基金（カルパース）は、2002年からヘッジファンド投資を開始していましたが、撤退を決定しました。

オルタナティブ投資商品は、株式や債券などに比べコストが高いという点もデメリットです。成功報酬があったり、管理報酬が2％を超えるようなものも珍しくなく、運用パフォーマンスを低下させる要因になります。

個人投資家がオルタナティブ投資を検討する場合、過去のパフォーマンスを確認すると共に、取引にかかるコストも確認して商品選択をしましょう。また、組入比率は資産の中の金融商品全体の10％を上限にするのが目安です。

オルタナティブ投資の税金

オルタナティブ投資商品の税金は、商品形態によって変わります。投資信託であれば、通常の投資信託の税金と同じです。

第3章のまとめ

商品 0 金融商品のリスクと分類方法
5つのリスクから、マーケットリスク別に6つのグループを考える。

商品 1 投資信託
少額で様々な投資対象に分散投資ができる、個人投資家の入門商品。

商品 2 ETF
取引所で売買できる上場投資信託。インデックス連動型が中心。

商品 3 海外ETF
先進国や新興国の市場に投資できる商品。外国株式と同じ取扱い。

商品 4 日本株式
銘柄選択のスキルが必要な、リスクの高い投資対象。

商品 5 日本債券
個人向けの国債を中心に投資商品を選択する、守りの投資対象。

商品 6 外国債券
為替リスクがある商品。信用度の高い先進国の国債を選ぶのが基本。

商品 7 外国為替証拠金取引 [FX]
外貨商品の中で為替手数料が最も安く、主に為替差益を狙う商品。

商品 8 REIT [不動産投資信託]
小口で不動産に分散投資ができる上場投資信託。利回りは株式や債券など他の商品よりも高い。

商品 9 オルタナティブ投資
ヘッジファンドとプライベートエクイティに代表される、絶対リターンを追求する商品。

第 **4** 章

実際に運用するための6つのプロセス

投資のリターンを決定する最大の要因はアセットアロケーション（資産配分）です。第4章ではこのアセットアロケーションを策定し、実際に運用を始めて長期で続けていく方法を具体的に学びます。第3章で学んだ9つの金融商品から自分に合った商品を選択し、決定した配分に従ってポートフォリオを作っていくことが本章の課題です。プロセス1から順番に作業を行っていけば、無理なく自分の資産設計プランをオーダーメイドして運用を開始できるようになります。

資産設計塾［実践編］

1

プロセス

アセットアロケーションをリスクから決定する

> **資産配分決定の要点**
>
> 過去のデータから平常時のリスクを推定する。
> リーマンショックのような異常時も考慮に入れて
> 自分のリスク許容度に合った資産配分を考える。

　アセットアロケーションの決定は、リスクをコントロールするという観点から行います。資産の配分比率に絶対的な正解はなく、最終的には自分に合った方法を自分で見つける必要があります。ここではモデルとなるアセットアロケーションを決定するプロセスについて説明します。

アセットアロケーションが簡単ではない2つの理由

　リスクをコントロールするためにアセットアロケーションが必要であることは、多くの金融の専門家が指摘する通りです。しかし、そのような専門家であっても資産配分方法の具体案は、簡単に決定することができません。その理由はアセットアロケーションによる配分比率を決定しようとする時、2つの問題があるからです。

　1つ目の問題は、最適なアセットアロケーションは人によって個別性が大きいということです。アセットクラスの選択は運用資産全体のリスクをどの程度の大きさにするか、というリスクから決定できます。どの程度まで大きなリスクに耐えられるかを示すリスク許容度は、人によって異なる個別性の強いものです。さらに同じ人であってもライフプランの変化、年齢の積み重ね、などによって変化していきます。つまり万人に適合する唯一のアセットアロケーション・プランというものは存在しないのです。

　そしてもう1つの問題は、配分比率を決定するための定量的な情報が過去の運用データしかない、ということです。過去のデータを使えば統計学的にリスクをコントロールする資産配分例を計算できますが、過去は将来を必ずしも保証しません。

　このように、アセットアロケーションを決定するプロセスは簡単ではありません。本書では、一定の条件の下でのアセットアロ

134　第4章　実際に運用するための6つのプロセス

■図4-1　リスク許容度は様々な要因の影響を受ける

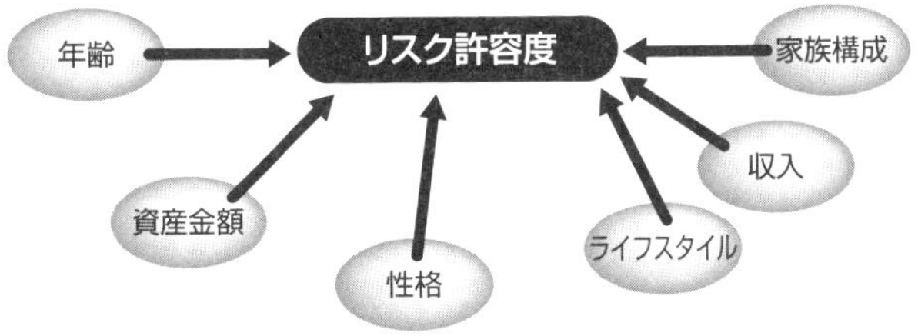

●リスク許容度は一般に年齢が若いほど高い傾向があるが、様々な要因の影響を受けるので一概には言えない。

ケーション・プランをどのように策定するのかについて説明していきます。

リスク許容度で考える

　まずはリスクとそれに対応しうる*リスク許容度について考えてみます。リスクと聞くと、一般に「危険」という意味でとらえられていますが、「リスク＝不確実性」と考えるのが正しい理解です。リスク許容度とは、**運用において最大どのくらいのマイナスになっても運用を続けられるかという、最大損失受入れ可能比率**によって数値化することができます。例えば、100万円で投資を始めて1年後に、どのくらいのマイナスまで耐えられるかということですが、これは人によって個人差があります。年齢、資産金額、ライフスタイル、収入、家族構成など様々な要因が影響するからです（図4-1）。また、性格的な要因も関係します。例えば、リスクに対して臆病な人は資産が10％減少しても嫌だと思うでしょうし、リスクに対して楽観的な人は資産が30％減少しても運用を続けようと思うかもしれません。

　リスク許容度には個人差があり、何％が正しいという正解は存在しません。

　金融資産のリスクは、統計的には「標準偏差」を使って表すことができます。標準偏差とは、データの平均値からのバラツキ具合（個々のデータが平均値からどれくらいブレるか）を表す数値で、過去のデータの変動率から計算できます。値が大きいほどデータが取る値のバラツキが大きく不確実、すなわちリスクが高いととらえることができます。

■リスク許容度
資産運用をやめてしまう原因の大半はこのリスク許容度を考えずに投資を始めて大きな損失を出してしまうこと。

プロセス1　アセットアロケーションをリスクから決定する　　135

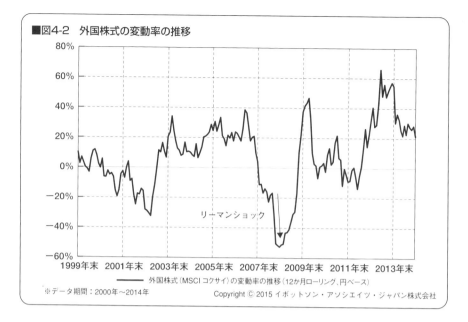

平常時の資産変動の計測

　主要なアセットクラスの過去データを入手できる1970年から、インデックスの動きを見てみると、市場の変動は平常時と異常時によって大きくことなることがわかります。1987年のブラックマンデー、2008年の金融危機のような異常時には、過去のデータからの想定を超える動きがありますが（図4-2）、平常時は標準偏差の2倍程度の変動にリスクが収まっていることがわかります。

　例えば、統計学で良く使われる正規分布*に平常時の動きが従っていると仮定すると、標準偏差を計算することによって、一定の範囲内にデータが収まる確率を推定することが可能です。

■正規分布
実際の金融資産の変動は正規分布より、ブレが大きくなっている。

「平均値±1標準偏差」の範囲に収まる確率　約68.3%
「平均値±2標準偏差」の範囲に収まる確率　約95.4%

　正規分布では、平均から標準偏差の2倍の範囲にデータが収まる確率が95.4%となっています。つまり、平常時の資産変動の殆どがこの中に入ると考えることができます（図4-3）。

■図4-3　正規分布ではデータの約95%が平均値±2標準偏差の範囲に収まる

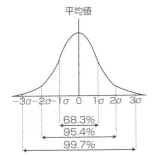

○データが正規分布に従っているとすると、平均値を境に左右対称の分布になる。平均値±1標準偏差の範囲にデータの約68.3%が収まり、平均値±2標準偏差の範囲になるとデータの約95.4%が収まることが知られている。
平均値±2標準偏差を超えて変化する確率はそれぞれ2.5%以下にすぎず、かなり例外的となる。

■表4-1　アセットクラス別の年間平均リターンと年間の最大変動率

アセットクラス	平均	最高	最低	リスク(標準偏差)	標準偏差×2
流動性資産	3.7%	13.5%	0.0%	3.7%	7.4%
日本株式	9.0%	107.9%	−45.4%	24.5%	49.0%
日本債券	5.8%	19.3%	−6.2%	5.1%	10.2%
外国株式	9.6%	65.7%	−52.6%	20.9%	41.8%
外国債券	4.4%	39.8%	−25.9%	12.6%	25.2%

※データ期間：1970年〜2014年の45年間
※インデックスを使用し月次リターンを用いたローリングリターンで計算。リターンは年率平均

Copyright © 2015 イボットソン・アソシエイツ・ジャパン株式会社

■年間最大損失率
表4-1を見ると日本株式の標準偏差の2倍は49.0%であるので、損失の実績値とほぼ近い数字となっている。

表4-1は1970年から2014年までの過去45年間のインデックスデータから、各アセットクラスの年間平均リターンと年間の最大損失率、最大上昇率、標準偏差などを計算したものです。最大損失率を見ると、標準偏差の2倍を超える資産もありますが、マーケットが大きく変動しているブラックマンデー（1987年）や金融危機（2008年）などを除いてみると、標準偏差の2倍以内に収まっていることがわかります。このように、平常時の資産変動は、統計的に想定することができます。

異常時の資産変動の計測

では、相場変動が平常時に比べ異常に大きくなった場合、どの程度の資産変動が想定されるでしょうか。図4-4は過去の異常時における株価の動きを指数化したグラフですが、これを見ると異常時に大きく下落した資産価格の回復にはある程度の時間がかかることがわかります。

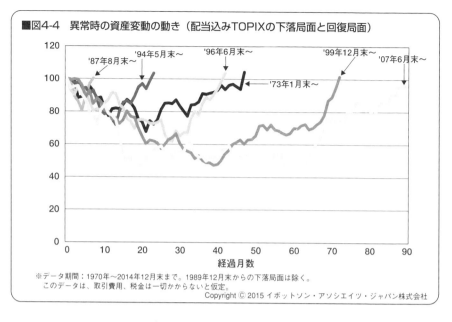

※データ期間：1970年～2014年12月末まで。1989年12月末からの下落局面は除く。
このデータは、取引費用、税金は一切かからないと仮定。
Copyright © 2015 イボットソン・アソシエイツ・ジャパン株式会社

このような状況は頻繁に発生するものではなく、数年に1回起こるかどうかという発生頻度ですが、平常時のように標準偏差を使って分析することができないため、過去データに基づく統計的なアプローチでは対応できません。

資産価格の変動は、平常時と異常時を分類することで、それぞれの対応方法を考えることができます。

アセットクラス間の相関係数の変化

資産全体の変動は、それぞれのアセットクラスの変動率だけではなく、アセットクラス間の相関によっても変わってきます。相関係数によって資産間の動きの関係を数値化することができますが、表4-2を見ると、日本株式、外国株式、外国債券といったリスクの高い資産間の相関係数がここ10年で上昇してきていることがわかります。

例えば、日本株式と外国株式の相関係数は直近10年で見ると、0.42から0.80と大きく上昇しています。また、外国債券との相関係数も同じように高くなる傾向があります。

その背景には、為替市場と株式市場の連動性の高まりがあります。円安になると日本株式が上昇する、あるいは株価の下落と円

■相関係数
相関係数が1の場合を完全な正の相関といい、2つの資産の動きはまったく同一の方向となる。逆に相関係数が－1の場合を完全な負の相関といい、2つの資産の動きはまったく正反対の方向となる。

■表4-2　アセットクラス間の相関係数

	日本株式	日本債券	外国株式	外国債券	流動性資産
日本株式	1.00	0.07	0.42	0.09	0.02
日本債券	0.07	1.00	−0.04	−0.05	0.24
外国株式	0.42	−0.04	1.00	0.61	−0.03
外国債券	0.09	−0.05	0.61	1.00	−0.05
流動性資産	0.02	0.24	−0.03	−0.05	1.00

※データ期間：1970年〜2014年

	日本株式	日本債券	外国株式	外国債券	流動性資産
日本株式	1.00	−0.26	0.80	0.67	−0.30
日本債券	−0.26	1.00	−0.28	−0.10	0.07
外国株式	0.80	−0.28	1.00	0.75	−0.26
外国債券	0.67	−0.10	0.75	1.00	−0.17
流動性資産	−0.30	0.07	−0.26	−0.17	1.00

※データ期間：2005年〜2014年

Copyright © 2015 イボットソン・アソシエイツ・ジャパン株式会社

■円高株安
東日本大震災後に起こった急激な円高で、円相場は2012年3月17日にそれまでの史上最高値を更新し、1ドル76円25銭をつけた。株価も急落し、日本当局は翌18日から欧米諸国と共にドル買いの協調介入に踏み切ったが効果は一時的で、その後も2012年秋まで円高株安が続いた。

高が同時に起こるといったマーケットの動きが目立つようになっています。株安と円高が同時に発生すると、日本株式、外国株式、外国債券がすべて同じ方向に下落してしまうのです。

一方で日本債券や流動性資産といった低リスク資産は株式や外貨資産のようなリスク資産と逆相関の動きを見せるようになっています。これはリスク資産の逃避先として資金が流れ込んでいることが原因の1つです。

相関係数が高まると資産が同じ方向に動きやすくなり、資産を分散させても分散効果があまり出なくなってしまいます。

相関係数が1になれば、2つの資産はまったく同じように動くことになりますから、資産を分散させることによる効果はゼロになってしまいます。そこまでいかなくても相関係数が高まれば、資産全体のリスクも高まっていくと言えます。

資産間の相関係数はマーケット環境によって変わります。今後どのような関係になるかによって、資産の組み合わせ方も対応させていく必要があるのです。

長期運用で資産の年平均変動率は低下する

資産の変動は、アセットアロケーションによっても変わりますが、資産の保有期間によっても変わってきます。図4-5はそれぞれの資産の保有年数によって年平均の変動率がどのように変化する

プロセス1　アセットアロケーションをリスクから決定する　　139

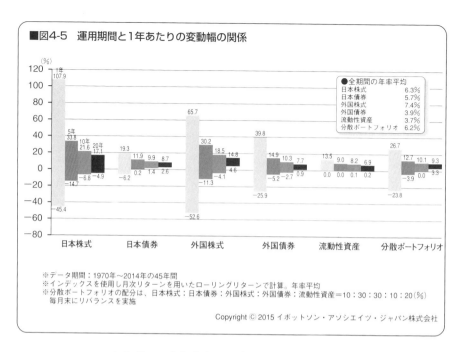

かをグラフ化したものですが、運用年数が長くなればなるほど年平均の資産の変動幅が小さくなっていくことがわかります。

つまり短期的には資産が上昇するか下落するのか想定しにくい資産であっても、運用期間を長期化することによって年間の変動がどの程度のレンジに入るかが想定しやすくなるということです。

また、同じ運用期間であれば、資産を分散させた分散ポートフォリオの方が、リスクを抑えながら、リターンを期待できる方法であることがわかります。分散ポートフォリオには、日本株、外国株、外国債券といったリスクの高い資産も組み入れられていますが、資産の変動はそれらの資産単体よりも小さく抑えられています。その一方で、リターンは全期間の平均で6.2％となっています。そして分散ポートフォリオの20年間の最低のリターンは3.3％（年率平均）まで高まっています。

これは、1970年以降に分散ポートフォリオを使って資産運用を行えば、いつから始めていても20年間で3％以上のリターンが実現したことを意味します。これからも同様の結果が出る保証はありませんが、資産を分散させて、長期で運用することの意義は理解できると思います。

column

投資に役立つ海外メディア

グローバル化が進むにつれて、日本語だけではなく、英語で情報収集することの重要性が高まっています。たとえ、日本株式という国内資産の運用であっても、競合する海外企業との比較が必要になります。そのような情報収集のためには、英語の情報が必須なのです。

日本人は「英語＝英会話」と思っている人が多いようですが、英会話能力より先に身に着けるべきなのは、情報のインプットのためのリーディングの力です。せっかく英会話を習っても、海外旅行に行った時、レストランやホテルで話すだけであれば、勉強に費用と時間をかけるメリットはあまりありません。

英語での情報収集方法

残念ながら、日本語のメディアから得られる情報には限界があります。国内で得られる海外情報は、米国とアジア（特に中国、韓国）が中心で、アフリカや南米は、暴動や戦乱が起こった時くらいしか取り上げられません。

しかし、これから必要になるのは、先進国やアジアの隣国だけではなくむしろ、投資対象になってくる新興国の情報です。世界からバランスの取れた情報を得るには、海外メディアを活用するしかありません。

海外メディアによって、内外の情報格差を埋めることができるのです。

まずは1つのコラムから始める

英語の情報が重要といっても、いきなり英字新聞を毎日読むのは大変です。無理をして始めても、結局は三日坊主になってしまっては意味がありません。

そこで、お勧めしたいのが、雑誌を定期購読して、毎週最低1つのコラムを読む習慣をつけるという方法です。

私は、『The Economist』というイギリスの経済誌を定期購読しています。週刊誌ですが、できるだけ多くの記事を読むようにしています。忙しい時には、短いコラムが1つだけしか読めなかったりします。それでも、毎週続けているうちに、記事を読むのに抵抗が無くなってくるのです。日本のメディアでは話題にすらならないような情報が、投資のヒントになることも少なくありません。

日本では、まだ英語で情報収集をしている人は多くありません。英語が話せなくても読むことができれば、内外の情報格差を利用して、資産運用に役立てることができます。また、投資だけではなく、仕事のヒントになることも多いのです。

世界には日本では報道されていない、でも大切な出来事がたくさんあります。

世界で何が起こっているかを知ることは、資産を殖やすだけではなく、日本で生活していく上でも、欠かせない大切な情報になっているのです。

運用開始と継続のプロセス

プロセス1　アセットアロケーションをリスクから決定する

プロセス 2 資産を6つに分類する

> **アセットクラスに分ける**
>
> リスクの種類によって、資産を6つに分類する。
> 為替リスクと株価リスクをベースに、
> 6つの資産への配分比率を決定する。

資産を6つに分類して配分比率を考える

　個人投資家が資産運用する際の中心となる資産は、株式と債券です。投資する商品としては、投資信託やETFになることもありますが、商品の種類ではなく、その商品が持つリスクによって分類することが重要です。例えば、日本株も日本株のETFも、日本株に投資する投資信託も株価に連動する資産ですから、株価の変動リスクを持っており、同じリスクを持つ同じグループに分類する必要があります。こうすることによって、商品毎に存在するリスクをまとめて管理することができます。

　第3章でも説明したように、株式と債券の基本的な違いは、**元本の安全性**です。株式は株価の変動で元本が大きく変化するのに対し、債券は原則として償還時に元本が確保され、株式に比べ変動率が低く、守りの資産と言えます。銀行の定期預金のような商品も、この債券と同じリスクを持っていると考えることができます。

　株式、債券はさらに円資産なのか外貨資産なのかという、為替リスクのありなしでの分類を加えると、**日本株式**、**日本債券**、**外国株式**、**外国債券**の4種類の資産に分類することができます。

　この4つの資産に加え、普通預金のようなリスクの無い**流動性資産**を入れて、5つの資産とし、どれにも当てはまらない資産を**その他の資産**とします。その他の資産には、不動産（REIT）、コモディティ、オルタナティブ投資商品などを分類します（図4-6）。

　このようにすれば、個人投資家の保有している資産はすべて6つの資産のどれかに分類することができるようになります。この比率をモニタリングすることによって、保有している資産全体のリスクについて、ざっくりと把握することが可能になるのです。

■図4-6　6つの資産の分類

	株式型資産	債券型資産
円　　貨	①日本株式	②日本債券
外　　貨	③外国株式	④外国債券

流動性資産	⑤
そ の 他	⑥

■表4-3　アセットクラス毎の主な金融商品

アセットクラス	主な金融商品
①日本株式	日本株、主に日本株に投資する投資信託、ETF、ミニ株
②日本債券	新窓販国債、個人向け国債、地方債、円建ての社債、MMF、中期国債ファンド、短期公社債投信、長期公社債投信、定期預金、主に日本債券に投資する投資信託
③外国株式	米国株や中国株など外国株、主に外国株に投資する投資信託、海外ETF
④外国債券	外貨普通預金、外貨定期預金、外国国債、外貨建ての社債、世界銀行など国際機関の債券、外貨MMF、主に外債に投資する投資信託、外国為替証拠金取引（FX）など
⑤流動性資産	普通預金、郵便貯金、MRF
⑥その他	不動産、REIT、日本及び外国のバランス型投資信託、金、コモディティ、オルタナティブ投資商品など

株価リスクと為替リスクを中心に考える

　日本株でも外国株でも株価変動のリスクを持っています。また、外国株と外国債券に共通するのは為替のリスクです。

　日本債券と流動性資産は、為替のリスクもありませんし、元本の安全性の高い資産と言えます。そして、その他の資産には、資産別に独自のリスクが存在しています。

　この中でまず個人投資家が押さえておかなければならないリスクは、株価のリスクと為替のリスクです。日本株と外国株が資産全体に占める比率、外国株と外国債券が資産全体に占める比率をコントロールすることによって、自分の資産のリスクを理想の状態にコントロールすることができるのです。

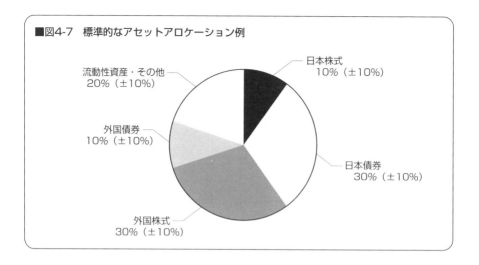

■図4-7　標準的なアセットアロケーション例

　それぞれの比率を資産全体の何%にするかは、個人のリスク許容度によって変わってきます。そこでいくつかの前提条件を設定した上で、**平常時の標準的な資産配分比率**を検討していきます。まず、全体の資産配分の中で株式と債券を80%、流動性資産とその他の資産を20%という配分にします。これは株式と債券が資産運用の中心資産になるからです。

　また、平常時の1年の最大変動率が資産全体の20%以内になるように、株式の比率（日本株式と外国株式）を40%、外貨の比率（外国株式と外国債券の合計）を40%にします。

　そして、株式の中で日本株と外国株の配分比率は、**外国株式に比重をかけて配分**します。

　実際にはリスク許容度に応じて、株式や外貨の比率を調整することも可能です。また、その他の資産の中にも外貨建ての資産が入る可能性もありますから、全体の外貨比率はそれらも合計して計算する必要があります。

　上記の標準的なアセットアロケーションはこれから資産を形成していく20代〜40代の世代を想定して作成したものです（図4-7）。退職が近づいてきた50代後半の方や、年金生活を営んでいるシニア世代の方はこれよりも、リスクを抑えた資産配分にすべきでしょう。

column

お金を借りる力を何に使うか

大手企業の社員や公務員の人には、勤務先の看板から得られる「お金を借りる力」があります。しかし、多くの人はせっかく持っているこの力を住宅ローンでマイホームを購入したり、自動車ローンでマイカーを購入したり、消費に使っています。一方で、この「お金を借りる力」を投資に使っている人もいるのです。

ローンを組んでマンション投資

私の知っている30代の男性は、大学卒業後コツコツと貯金をし、300万円の資金を元手に、ワンルームマンション投資を始めました。家を買うことも、車を買うこともせず、購入したマンションからの賃料収入もローンの返済に回し、余裕ができると2戸目、3戸目というように、投資金額を大きくしていったのです。初期の頃に購入した物件のローン残高が無くなれば、その物件からの賃料をすべて新しく購入した物件のローン返済に回すことができます。

このようにして、資産を着々と積み上げている若い世代も存在するのです。投資用のローンを組むと、それを早く返済しようというインセンティブが生まれます。無駄な出費をするよりもローンの残高を少しでも減らそうと思うようです。

ローン金利2%で借りて購入したとすれば、ローン返済は金利2%の預金をするのと同じ効果があります。自分で貯金をしようと思ってできない人でも、この

ような状況になれば、資産形成のモチベーションが高まります。

ローンを組んで手に入れるマイホームやマイカーは、将来の自分の収入を先に使ってしまうのと同じです。イソップの寓話「アリとキリギリス」で言えば、キリギリスの生活パターンです。

キリギリスになるかアリになるか？

不動産投資をするのは、現状の自分の収入を将来の資産のために積み上げているのと同じです。こちらはキリギリスではなく、アリの生活ということができます。

どちらが幸せな人生なのかはその人の価値観だと思いますが、ローンを投資に使うことをまったく考えもせず、当然のように「キリギリス」を選択してしまうのは問題です。2つの選択肢を比較して、納得のいくチョイスをするのが悔いの無い人生に大切なことではないでしょうか。

人間には、様々なリソース（資源）があります。金融資産であったり、特別な能力であったり、人脈であったり・・・。お金を借りる力もその人が持っているリソースの1つです。

お金を借りる力が圧倒的に強い大手企業社員や公務員の人たちが、何の疑問もなくせっかく持っている自分のお金を借りる力を「投資」ではなく「消費」に使ってしまっているのは、勿体ない気がします。

プロセス2　資産を6つに分類する

プロセス3

目標へのアプローチ方法を考える

> **目標達成のための運用計画**
>
> 将来の資産は現在の保有資産と、これから積み立てる資産の運用によって決まる。投資は確実なものではないが、将来の資産金額のシミュレーションは重要なプロセス。

　将来の資産は、今保有している資産とこれから積み立てる資産の2つの投資元本、そしてそれらの元本を運用して殖やす資産の合計から決定されることになります。つまり将来の資産とは、図4-8のように4つの合計になります。

■図4-8　将来資産は4つの合計で決まる

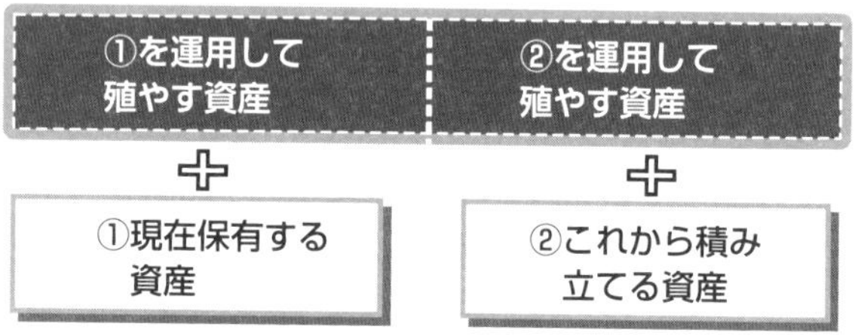

①を運用して殖やす資産	②を運用して殖やす資産
＋	＋
①現在保有する資産	②これから積み立てる資産

　ここで問題になるのは、運用リターンが年間何％くらいかということです。しかし、プロセス1、2で説明した通り、運用の期待リターンは簡単には決められません。

年あたり何％で運用できると考えるべきか

　期待リターンは、マーケット環境によって変わってきます。

　2008年の金融危機以降、先進国は大幅な金融緩和を進め、各国の金利は大きく低下しました。また、新興国もインフレ懸念の後退と景気減速から金融緩和の方向に向かっています。

　市場の金利が低下すれば、債券の価格は上昇しますが、債券運用によるインカムゲインから得られる期待リターンは低下します。

　ポートフォリオ全体の期待リターンは、日本株式、外国債券といった、それぞれのアセットクラスの期待リターンを推定し、資産の配分比率で加重平均して計算していきます。債券の期待リタ

146　第4章　実際に運用するための6つのプロセス

ーンが低いため、現在の環境ではポートフォリオ全体の期待リターンも低下してしまうのです。

　上記のような環境の変化を考慮すれば、当面の期待リターンとしては、年間で3％〜5％程度が現実的な数字と言えるでしょう。

　将来インフレ懸念が再燃したり、世界的に金利が上昇するような局面になったり、あるいは本格的な*景気回復によって株式市場がさらに上昇するようなことになれば、想定より高いリターンを実現することができるでしょう。いくつかの運用リターンを仮定し、それぞれの場合にどの程度資産を殖やすことができるのかをシミュレーションすることで将来資産をイメージできます。

将来の資産金額を試算する

　いつまでにいくら資産が殖えるかを試算するには、**今持っている資産とこれから積み立てる資産の2つが、複利運用によってどのように殖えていくのか**を知る必要があります。

　それを簡単に計算できるようにしたのが、次のページの表4-4と表4-5です。表4-4は今1万円の資産がどのくらい殖えるのか、年平均運用リターンと運用年数から計算した表になります。一方、表4-5は毎月1万円の積立をして、その資産がどのように殖えるかを年平均運用リターンと運用年数から計算できるようにしたものです。

　この2つの表を使うと、例えば今ある1万円を年平均5％で運用できれば10年後には16,289円になることがわかります。もし今資産を100万円持っているとしたら、10年後の資産は16,289円を100倍した1,628,900円になります。

　毎月の積立も同じように計算できます。毎月3万円の積立をしながら年平均5％で10年間運用するなら、1,559,293円を3倍した4,677,879円が10年後の資産金額です。

　この2つを合計すれば、現在の資産及び毎月の積立金を5％で運用した時の資産合計額がわかります。

　ここで間違えてはいけないのは、計算上は別々にしている現在保有している資産とこれから積み立てる資産を、実際の運用では一緒に運用していくということです。どちらの資金も、自分が考える最適な資産配分を行い、同じ運用方法によって資産形成していきます。運用を開始するタイミングが異なるだけで、運用方法

■異次元緩和
日銀の大規模量的金融緩和以降、平均株価は大きく上昇しているが、日本経済がデフレから脱却できるかどうかはまだわからない。

■金融政策
米国は早ければ2015年6月にも利上げを開始するとの見方もある。一方欧州は、ECBが2015年3月から初の量的金融緩和（月600億ユーロ）に踏み切ると発表した。

運用開始と継続のプロセス

プロセス3　目標へのアプローチ方法を考える　147

■表4-4　今持っている資産がどう殖えるか

1万円の元本を複利運用したときの資産金額						
	5年後	10年後	15年後	20年後	25年後	30年後
1%	10,510	11,046	11,610	12,202	12,824	13,478
2%	11,041	12,190	13,459	14,859	16,406	18,114
3%	11,593	13,439	15,580	18,061	20,938	24,273
4%	12,167	14,802	18,009	21,911	26,658	32,434
5%	12,763	16,289	20,789	26,533	33,864	43,219
6%	13,382	17,908	23,966	32,071	42,919	57,435
7%	14,026	19,672	27,590	38,697	54,274	76,123
8%	14,693	21,589	31,722	46,610	68,485	100,627
9%	15,386	23,674	36,425	56,044	86,231	132,677
10%	16,105	25,937	41,772	67,275	108,347	174,494

（単位：円）

■表4-5　積立で資産がどう殖えるか

毎月1万円を積み立てしながら複利運用したときの資産金額						
	5年後	10年後	15年後	20年後	25年後	30年後
1%	615,503	1,262,550	1,942,758	2,657,825	3,409,540	4,199,779
2%	631,524	1,329,409	2,100,626	2,952,882	3,894,692	4,935,466
3%	648,083	1,400,908	2,275,401	3,291,228	4,471,228	5,841,937
4%	665,200	1,477,406	2,469,108	3,679,972	5,158,433	6,963,629
5%	682,894	1,559,293	2,684,026	4,127,463	5,979,910	8,357,264
6%	701,189	1,646,987	2,922,726	4,643,511	6,964,589	10,095,376
7%	720,105	1,740,945	3,188,112	5,239,654	8,147,971	12,270,875
8%	739,667	1,841,657	3,483,451	5,929,472	9,573,666	15,002,952
9%	759,898	1,949,656	3,812,438	6,728,960	11,295,304	18,444,741
10%	780,824	2,065,520	4,179,243	7,656,969	13,378,903	22,793,253

（単位：円）

例えば今100万円の運用資産を持ち、毎月3万円を積み立てると10年後には、次の金額になる。（年平均5％で運用した場合）

$$16,289 \times \frac{100万円}{1万円} + 1,559,293 \times \frac{3万円}{1万円} = 6,306,779円$$

には変わりは無いのです。

目標金額への到達方法をシミュレーションしてみる

　自分に必要なお金がいつまでにいくらなのか決まっている人は、それが資産運用によって達成できるのかどうか具体的にシミュレーションしてみることをお勧めします。表4-6は10年後に1,000万円という運用目標を実現するために、毎月の積立がどのくらい必要かを試算したものです。運用利回りを1％、3％、5％の3つで想定し、現在の資産がゼロの場合、100万円の場合、500万円の場合に必要な積立額を計算しています。

　これを見ると当然のことですが、①現在保有している資産が多

■表4-6　10年で1,000万円を作るために必要な毎月の積立額

利回り／元金	元金なし	100万円	500万円
1％	79,205円	70,456円	35,460円
3％	71,382円	61,789円	23,417円
5％	64,132円	53,685円	11,900円

いほど毎月必要な積立額が小さくなること、②運用レートが高ければ、積立額が少なくて済むことがわかります。試算の結果、必要な毎月の積立金額がハードルの高い水準だとわかったら、目標とする金額を見なおすか、達成時期を後ろにずらしていくのが現実的です。

　毎月の積立額を増やしたり想定する運用リターンを高くしても、達成できるようになりますが、無理な節約やリスクの取りすぎにつながりかねないので、するべきではありません。

　また、このように運用計画を立てたとしても、その後も定期的に見直しを行い、実際の運用状況を確認しながら計画を修正していくようにすべきです。

　「計画→実行→見直し」というサイクルを繰り返していくことで、目標達成の可能性が高まります。

■目標の変更
年月と共に人生の目標が変わればいつまでにいくら必要か、ということも変わってくる。厳密にやりすぎないこと、そして変化を恐れてはいけない。

4 プロセス

運用金額に合わせたポートフォリオ例

> **資産クラス毎の組入商品選択**
>
> 運用金額によって活用すべき商品は変わってくる。
> 金額が大きくなるほど投資商品のバリエーションは広がり、
> かかるコストも低減させることができる。

　個人投資家向けの運用商品の拡充によって、グローバルな資産運用が投資金額10万円から、充分可能になりました。アセットアロケーションを決定すれば、後はそれぞれのアセットクラスに組み入れる商品を選択していくことになります。

　運用金額が1,000万円くらいまでであれば、資産配分比率を変えることなく、金融商品を組み合わせてポートフォリオを決定することが可能です。

運用金額別のマトリックスを考える

　運用金額が大きくなると商品選択の幅が広くなり、低コストの商品や同じアセットクラスの中で異なるリスクを持つ商品を組み入れることも可能になってくるのです。同じアセットアロケーションでも運用金額が大きくなった方が、分散効果を高めることができ、期待できるリターンも大きくなります。

　例えば、運用資産が10万円の時は、投資信託と個人向け国債を中心に分散投資をするしかありませんが、金額が大きくなると、投資信託からETF、個別株式銘柄などを組み合わせていくことも考えられます。

　ここでは標準的アセットアロケーション（144ページ）を前提に、運用金額別のアセットアロケーションとポートフォリオ例を紹介します。ただし、運用金額別の商品組入方法には唯一の正解はありません。あくまで、代表的な商品を使った参考例です。組み入れ商品を鵜呑みにするのではなく、その商品が選択されるまでのプロセスを理解することが重要です。最終的な商品選択は、自分で納得できるまで考えて判断するようにしてください。

10万円のポートフォリオ例

アセットクラス	比率	金額	商品名
日本株式	10%	1万円	JFザ・ジャパン
日本債券	30%	3万円	個人向け国債（変動10年）
外国株式	30%	1.5万円	SMTグローバル株式インデックス・オープン
		1.5万円	SMT新興国株式インデックス・オープン
外国債券	10%	1万円	SMTグローバル債券インデックス・オープン
その他	20%	1万円	SMT J-REITインデックス・オープン
		1万円	MRF
合計	100%	10万円	

運用金額が10万円ということになると、1万円単位で購入が可能な、投資信託や個人向け国債でポートフォリオを構築することになります。

日本株式は全体の10％の配分ですから1万円です。インデックス運用の投資信託を組み入れるのがオーソドックスな方法ですが、インデックスプラスアルファのリターンを狙いにいく観点から、上記例ではアクティブ運用の投資信託を組み入れています。

日本債券は、30％の配分ですから、3万円の資金配分です。信用度の高い国債の中から、1万円単位で購入可能な、個人向け国債を選択しました。金利の低下にも限界があり、長期的な金利上昇の可能性もあることから、10年の変動金利型を組み入れます。なお、国債は投資信託と異なり**募集期間**[*]があります。いつでも購入できるわけではないことに注意しましょう。

外国株式も、30％の配分ですから、3万円の資金配分です。インデックス運用の投資信託で市場全体の成長からのリターン（ベータ）を狙います。先進国と新興国にどのように資金を割り振るかが問題になりますが、ここでは先進国と新興国に同じ1：1の比率でそれぞれのインデックスファンドを組み入れました。

外国債券は10％の配分で1万円です。先進国の債券に投資するインデックス運用の投資信託を選んでいます。

その他の資産としては、日本のREITに投資するインデックス運用の投資信託を選択し、全体の10％の資産を振り向けています。また待機資金としてMRFに1万円を置いておきます。

■募集期間
現在のところでは、個人向け国債、新窓販国債共に月1回発行されており、概ね発行日の前月に募集期間が設定されている。発行スケジュールや募集期間は財務省のホームページなどで確認できる。

プロセス4　運用金額に合わせたポートフォリオ例　　151

50万円のポートフォリオ例

アセットクラス	比率	金額	商品名
日本株式	10%	3万円	JF ザ・ジャパン
		2万円	SMT TOPIXインデックス・オープン
日本債券	30%	15万円	個人向け国債（変動10年）
外国株式	30%	4万円	SMT グローバル株式インデックス・オープン
		7万円	SMT 新興国株式インデックス・オープン
		4万円	朝日Nvestグローバルバリュー株オープン
外国債券	10%	3万円	SMT グローバル債券インデックス・オープン
		2万円	SMT 新興国債券インデックス・オープン
その他	20%	3万円	SMT　J-REITインデックス・オープン
		2万円	SMT　グローバルREITインデックス・オープン
		5万円	MRF
合計	100%	50万円	

　運用金額が50万円になっても、資産配分比率は変わりませんし、組み入れ商品にも大きな変化はありません。ただし、金額が大きくなった分、商品の分散をさらに進めることができます。

　例えば、日本株式はアクティブファンドを使った運用を提案していますが、インデックスファンドに比べるとリスクが高くなります。上記例では、アクティブファンドとインデックスファンドの両方の投資信託を組み入れてポートフォリオを組み立てています。

　日本債券に組み入れる商品は、個人向け国債（変動10年）で変わりません。

　外国株式に関しては、インデックスファンドだけでなく、アクティブ運用の商品を一部組み入れても良いでしょう。上記例では、先進国の株式にバリュー投資を行うアクティブファンドをインデックスファンドと組み合わせています。なお、先進国と新興国の比率は、ほぼ同じ比率にしています。

■新興国の債券は先進国より変動率は高くなるが、投資対象国が広がることで分散効果は高まると言える。

　外国債券もインデックスファンドで運用しますが、新興国に投資する投資信託にも分散させています。

　その他の資産に関しては、不動産（REIT）、コモディティなどに資産全体の最大10%までを配分しても良いでしょう。上記例では、国内外のREITのインデックスファンドを組み入れています。

100万円のポートフォリオ例

アセットクラス	比率	金額	商品名
日本株式	10%	5万円	JFザ・ジャパン
		5万円	TOPIX連動型上場投資信託（1306）
日本債券	30%	30万円	個人向け国債（変動10年）
外国株式	30%	7万円	SMTグローバル株式インデックス・オープン
		15万円	SMT新興国株式インデックス・オープン
		8万円	朝日Nvestグローバルバリュー株オープン
外国債券	10%	5万円	SMTグローバル債券インデックス・オープン
		5万円	SMT新興国債券インデックス・オープン
その他	20%	10万円	REIT個別銘柄
		10万円	MRF
合計	100%	100万円	

運用金額が100万円になると、50万円と比べて、商品選択の幅がやや広がります。商品には投資信託や国債以外の商品も組み入れられるようになります。

日本株式に関しては、アクティブ運用とインデックス運用を1：1の比率で配分しています。上記例ではインデックス運用にETFを使っています。ETFも1万円以下で購入できますが、インデックスファンドと売買手数料や信託報酬などのコストを比較して選択するようにしましょう。

日本債券に関しては、10万円、50万円の時と変わりません。個人向け国債（変動10年）を選択します。

外国株式は、先進国と新興国の比率を1：1にした上で、インデックスファンドをベースにアクティブファンドを組み入れるようにします。上記例では、アクティブファンドは先進国に投資する1本だけですが、良いファンドがあれば複数組み入れた方がリスク分散になります。

外国債券に関しては、10万円の配分金額を先進国と新興国のインデックスファンドに1：1の比率で投資します。

■J-REIT
東京証券取引所に上場しているREITは現在51銘柄（2015年4月9日時点）。

その他の資産は20万円のうち10万円は待機資金としてMRFに置いています。REITに関しては、10万円前後で投資可能な銘柄が存在します。自分で銘柄選択ができる人は、REITの個別銘柄を組み入れるのも良いでしょう。

300万円のポートフォリオ例

アセットクラス	比率	金額	商品名
日本株式	10%	15万円	JFザ・ジャパン
		9万円	TOPIX連動型上場投資信託（1306）
		6万円	上場インデックスファンドTOPIXSmall日本小型株（1318）
日本債券	30%	90万円	個人向け国債（変動10年）
外国株式	30%	23万円	SMTグローバル株式インデックス・オープン
		45万円	SMT新興国株式インデックス・オープン
		22万円	朝日Nvestグローバルバリュー株オープン
外国債券	10%	15万円	SMTグローバル債券インデックス・オープン
		15万円	SMT新興国債券インデックス・オープン
その他	20%	30万円	REIT個別銘柄
		30万円	MRF
合計	100%	300万円	

■少額から買えるETF
上場インデックスファンドTOPIXSmall日本小型株の最低売買単位は10株、2015年4月上旬時点の時価は1,800円前後であるので、少額からでも投資できる。

運用金額が300万円になっても、基本方針は変わりません。

日本株式は10％の配分比率で30万円の投資金額になります。アクティブファンドを主体に組み入れていますが、インデックスファンドの代わりに、ETFを使うことも可能になります。ETFはTOPIX連動型ではなく、TOPIX Smallのように小型株のインデックスに連動するETFを使うことも検討できるでしょう。

日本債券の組み入れ商品は個人向け国債（10年変動）で変わりません。

外国株式は90万円の資産配分になります。先進国と新興国に資産配分比率を決め、その中でインデックス運用を中心にアクティブ運用を組み合わせるアプローチは、投資金額に関係ない共通の方法です。

外国債券は30万円の資産配分になりますが、こちらはインデックス運用で先進国と新興国に資産を配分します。上記例は1：1になっています。

その他の資産にはREIT、コモディティなどを組み入れますが、一部を待機資金としておいても構いません。REITは個別の銘柄選択を行っても良いですが、投資金額が小さいケースのように、インデックスファンドで分散投資をするのも選択肢の1つです。

1,000万円のポートフォリオ例

アセットクラス	比率	金額	商品名
日本株式	10%	20万円	JFザ・ジャパン
		30万円	日本株式個別銘柄
		30万円	上場インデックスファンドTOPIX（1308）
		20万円	上場インデックスファンドTOPIXSmall日本小型株（1318）
日本債券	30%	300万円	個人向け国債（変動10年）
外国株式	30%	100万円	海外ETF（iシェアーズMSCIコクサイETF）
		150万円	SMT新興国株式インデックス・オープン
		50万円	朝日Nvestグローバルバリュー株オープン
外国債券	10%	50万円	SMTグローバル債券インデックス・オープン
		50万円	SMT新興国債券インデックス・オープン
その他	20%	100万円	REIT個別銘柄
		100万円	MRF
合計	100%	1,000万円	

　運用金額が1,000万円になると、さらに商品選択の自由度が大きく広がります。

　日本株式は10％で100万円の資産配分になりますので、資産金額300万円の時と同じように、アクティブファンド、ETFを組み合わせて資産を構築します。銘柄選択に自信がある人は、上記例のようにアクティブ運用の一部を個別銘柄選択で組み入れても良いでしょう。ただし複数銘柄でリスクを分散させることが重要です。

　日本債券の商品は変わりません。守りの投資として個人向け国債（変動10年）を選択します。

　外国株式は、300万円の投資になりまとまった金額で投資できますので、長期で保有することを考えれば、信託報酬がインデックスファンドより低い海外ETFも検討できます。いずれの商品を選択する場合も、先進国と新興国の比率を決めて、インデックス運用とアクティブ運用をバランス良く組み入れるようにします。

■海外ETF
海外ETFは海外株式と同様の扱いになる。

　外国債券は、100万円の資産配分になりますが、インデックス運用中心でポートフォリオを構築します。先進国と新興国の比率は調整することが可能です。

　その他の資産には、REITやコモディティを資産全体の10％を上限に組み入れるようにしましょう。

プロセス4　運用金額に合わせたポートフォリオ例

プロセス5

理想のアセットアロケーションへ移行する

> **現保有資産の時価評価と分類**
>
> 金融資産を時価評価し、6つのアセットクラスに分類して現状を見る。次に、理想の資産配分に従って段階的に資産を移し、最終的に資産のシフトを完了する。

　プロセス4では運用金額別の資産配分と商品組み入れの具体例を見てきました。次に考えるべきことは、現在保有する資産を実際に理想の方法にどうやってシフトさせていくかということです。

　まず自分の資産全体を把握することから始めます。具体的には、現在の自分の金融資産を資産毎に時価評価し、その上で6つのアセットクラスに分類していきます。

STEP1　保有する金融資産のデータを集める

　銀行なら月次報告書や**預金通帳**、証券会社なら**取引残高報告書**が自分の資産を把握するために必要となります（図4-9）。銀行の預金残高は通帳でも確認できますが、ネットバンキングサービスを使えれば、いつでも残高が見られます。証券会社の取引報告書は、通常は3、6、9、12月の4半期末に作成され翌月に郵送されてきます。

　これらを使って自分が現在資産を預けているすべての金融機関を洗い出し、データを同じタイミングで取得します。いま自分がいくらの金融資産を持っているか、すべての資産を合わせて評価するわけです。取引金融機関が少ない方が手間がかかりません。

STEP2　資産をアセットクラス別に分類する

　データが揃ったら、金融機関別に商品別の残高（時価）を確認します。次に別々の金融機関の資産を種類別にまとめて分類し、表4-7の分類を参考に、6つのアセットクラスに振り分けていきます。

　この中には、運用資産ではない持ち家や、掛け捨ての保険などは含めないようにします。あくまで運用資産として将来の資産を殖やすために保有しているものが対象です。

■図4-9　月次報告書（銀行）と取引残高報告書の例（抜粋）

××銀行お取引レポート　　　　　　　　　　　　　　　　　○○年○月分
　○○○○様

■お預かり資産の残高

商品	残高	円換算レート	円換算残高
普通預金／円	1,000,000		
普通預金／米ドル			
普通預金／ユーロ			
普通預金／カナダ・ドル			
普通預金／豪ドル			
普通預金／英ポンド			
普通預金／NZドル			
当行債			

基準日（月末日）が当行休業日の場合は、外貨預金については当行
最終営業日の当行TTB（電信買相場）レートで換算しております。　　　**お預り資産合計 1,000,000円**

作成基準日：平成　年　月　日
△△△証券株式会社
○○○○様

■お預り金銭・お預り証券等残高の明細

取引区分	銘柄名・摘要	数量・金額	単位当たり時価	評価額
株式	ジャパン・ホテル・リート投資法人			80,000円
投資信託	インデックスファンドTSP	口	8,199円	100,000円
	eMAXIS新興国株式インデックス	口	13,285円	200,000円
	SMTグローバル株式インデックス・オープン	口	14,781円	100,000円
	日興外貨MMF（豪ドル）			100,000円
累積投資	ダイワMRF			150,000円
債券	個人向け国債（変動10年）			100,000円

■表4-7　アセットクラスと該当する主な金融商品

アセットクラス	主な金融商品
①流動性資産	普通預金、郵便貯金、MRF
②日本株式	日本株、主に日本株に投資する投資信託、ETF、ミニ株
③日本債券	新窓販国債、個人向け国債、地方債、円建ての社債、MMF、中期国債ファンド、短期公社債投信、長期公社債投信、定期預金、主に日本債券に投資する投資信託
④外国株式	米国株や中国株など外国株、主に外国株に投資する投資信託
⑤外国債券	外貨普通預金、外貨定期預金、外国国債、外貨建ての社債、世界銀行など国際機関の債券、外貨MMF、主に外債に投資する投資信託、外国為替証拠金取引（FX）など
⑥その他の資産	不動産、REIT、日本及び外国のバランス型投資信託、金、コモディティ、オルタナティブ投資商品など

■図4-10 すべての金融機関の資産を洗い出し時価評価して分類する

①
(単位：円)

金融機関	金融商品	時価評価額
新生銀行	普通預金	1,000,000
ゆうちょ銀行	通常貯金	500,000
みずほ銀行	みずほ好配当日本株オープン	600,000
	バランス物語50（安定・成長型）	50,000
カブドットコム証券	個人向け復興国債（変動10年）	100,000
	上場インデックスファンドTOPIX（1308）	100,000
	ジャパン・ホテル・リート投資法人（8985）	80,000
	日興外貨MMF（豪ドル）	200,000
	eMAXIS新興国株式インデックス	200,000
	SMTグローバル株式インデックス・オープン	100,000
楽天証券	ライオン（4912）	740,000
	極洋（1301）	300,000
	ダイワMRF	250,000
	合計	4,220,000

②
(単位：円)

アセットクラス	金融商品	時価評価額	比率	目標配分	ギャップ
流動性資産	普通預金	1,000,000			
	通常貯金	500,000			
	ダイワMRF	250,000			
	小計	1,750,000	41.5%	10.0%	31.5%
日本株式	上場インデックスファンドTOPIX（1308）	100,000			
	みずほ好配当日本株オープン	600,000			
	ライオン（4912）	740,000			
	極洋（1301）	300,000			
	小計	1,740,000	41.2%	10.0%	31.2%
日本債券	個人向け国債（変動10年）	100,000			
	小計	100,000	2.4%	30.0%	-27.6%
外国株式	eMAXIS新興国株式インデックス	200,000			
	SMTグローバル株式インデックス・オープン	100,000			
	小計	300,000	7.1%	30.0%	-22.9%
外国債券	日興外貨MMF（豪ドル）	200,000			
	小計	200,000	4.7%	10.0%	-5.3%
その他の資産	バランス物語50（安定・成長型）	50,000			
	ジャパン・ホテル・リート投資法人（8985）	80,000			
	小計	130,000	3.1%	10.0%	-6.9%
	合計	4,220,000	100.0%	100.0%	0.0%

③現在のアセットアロケーション

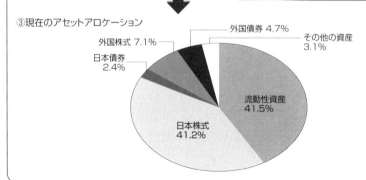

図4-10は今までの説明を具体例にしたものです。ライオンと極洋の株式は、日本株の個別銘柄ですから「日本株式」。上場インデックスファンドTOPIXも、TOPIXに連動する日本株のETFですから「日本株式」。みずほ好配当日本株式オープンも「日本株式」。eMAXIS新興国株式インデックスやSMTグローバル株式インデックス・オープンは、外国株に投資する投資信託なので「外国株式」。外貨MMFは、高格付けで安全度の高い外貨建て資産に投資する債券型の投資信託ですから、「外国債券」。普通預金と通常貯金は「流動性資産」、ダイワMRFは投資信託ですが極めてリスクが低くいつでも換金できるのでこれも「流動性資産」、といった具合に分類していきます。5つのアセットクラスのどこにも入らない資産（例えばバランス型ファンドやREIT、金積立など）は、「その他の資産」に分散します。

　定期預金や普通預金などは残高をそのまま入力して問題ありませんが、株式や投資信託は時価総額を記入していきます。通常、証券会社の取引残高報告書に時価が掲載されていますのでそれをそのまま転記すれば良いでしょう。外貨預金や外貨MMFといった外貨建て資産の場合は、為替レートが評価額に影響します。評価はすべて一定時点の円ベースの評価額になります。外国株式の個別銘柄など円換算されていない純粋な外貨建て資産を持っている場合は、外貨資産金額に為替レートを掛けて計算します。

　このように時価で計算したらグループ別の残高を合計して、図4-10②のように資産の種類別に比率を計算します。これで自分の資産全体がどのようなアセットアロケーションになっているかを一覧することができます。

STEP3　目標とするアセットアロケーションと比べてみる

　標準的アセットアロケーションを理想として、どこに違いがあるかを見てみましょう。目標の比率と現状の差を示す「ギャップ」を見てください。ギャップがプラスなら、現在の比率が目標配分よりも大きいこと、マイナスなら小さいことになります。

　このケースで目立つのは流動性資産が31.5%とギャップが大きく、流動性資産だけで資産全体の41.5%を占めていることです。

　また日本株式のギャップも31.2%でこれも、目標値よりかなり

■通常貯金
ゆうちょ銀行の通常貯金は「流動性資産」、MMFや公社債投信は「日本債券」に該当する。

■円換算
外貨資産に投資する投資信託であっても国内籍投資信託は円に換算した時価が表示される。またそれ以外の外貨資産でも、金融機関で円換算し円表示されるケースが多いので、自分で為替レートから円換算するケースはあまりないと思われる。

運用開始と継続のプロセス

プロセス5　理想のアセットアロケーションへ移行する　　159

■資産設計においては生活費の3カ月分程度を手元に置いておけば残りは運用に充てると考える。

大きくなっています。これに対し外国株式と外国債券のギャップは共にマイナスです。特に外国株式は－22.9％とギャップが大きく、現在の外貨資産の比率は2つ合わせても11.8％しかありません。外貨の比率が低すぎると言えます。さらに、日本債券も－27.6％と大きくマイナスですから、外国債券と合わせた債券の比率も低すぎると言えます。

STEP4 現在持っている資産をシフトさせる

　現状と理想の資産配分とのギャップを把握したら、次は資産の移行の具体的なスケジュールを考えます。いきなりすべての資産をシフトさせるのは、リスクも大きくお勧めできません。不安な人はまず10万円から始めてみても良いと思います。そして、数カ月経過した時点で、資産の30％から50％くらいまで移行させ、最終的にすべての資産をシフトさせる。このような方法なら無理なく進めることができます。

　例えば金融資産が100万円なら最初は10万円、次に30万円、と金額を増やしていき、最後に100万円すべての資産を、アセットアロケーションに基づく分散投資に移行させます。ここまでにかかる期間としては1年程度を目安にすると良いでしょう。

　300万円の運用なら最初は10万円で始め、次の段階で100万円まで運用資産を増やします。そして最後に300万円すべてを運用資産にもっていきます（図4-11）。

■図4-11　10万円から始めて資産運用金額を段階的にシフトする

　ただし、運用方法に確信が持てなければ、無理をして運用金額を増やす必要はありません。様子を見ながら、納得した上でできるだけすみやかに移行させた方が、ストレスなく自分の理想の資産配分へ到達できます。

column

タダより高いものはない

ビジネスは、価値の交換から成り立っています。金融機関と個人投資家の関係も同じです。保険の相談や金融商品の購入時のコンサルティングを無料でやっている会社がありますが、それは無料ではありません。それでは価値の交換が成立しないからです。

相談料は価格に織り込まれる

保険の無料相談のケースであれば、相談者は、自分のニーズを伝えることで、最適な保険を選んでくれることになっています。しかし、相談者の中にはもしかしたら、そもそも保険に入る必要のない人もいるかもしれません。また、手数料の高い保険の方が収益につながりますから、そのような保険を勧められるリスクは無いのでしょうか。

投資信託を金融機関の窓口で買う時も同じです。相談は無料ですが、投資信託を購入すれば、販売手数料がかかるようになっています。投資信託を買う必要の無い人に対して、買わなくて良いですというアドバイスができる担当者はいるのでしょうか。

サービスの対価を払った方がおトク

無料のサービスになると、ベストではないアドバイスを受けてしまう可能性がある。そんなリスクを避けるための代替案として、保険や投資商品の相談をFP（ファイナンシャルプランナー）のような金融の専門家に相談するという方法があります。

FPの相談には、通常1時間で5千円から1万円程度の相談料がかかります。しかし、商品の販売や手数料と関係なく、真に相談者のメリットからのコンサルティングをしてくれる可能性が高いはずです（ただし、FPの資格を持っている人でも専門知識には大きな差がありますから、誰に相談するかは慎重に選択しなければなりません）。

投資信託の販売手数料が銀行窓口で1％だとすれば、投資信託を100万円買う前に1万円かけてFPに相談して、販売手数料のかからないノーロードファンドを買うことができれば、その方が納得できる投資になるはずです。

タダより高いものはない

日本人は相談やコンサルティングといったものに対してお金を払わない傾向があります。しかし、資産運用で一番重要なのは、このコンサルティングの部分なのです。相談内容にお金を払う価値があるものなのかは、商品のコストに織り込まれるのではなく、相談に対して払う価値があるかを考えてみる必要があります。

同じ相談料を払うのであれば、きちんと相談できる人に、価値に見合った対価を払う。それが合理的な価値の交換だと思います。

6 プロセス モニタリングとリバランス

> **運用継続のためのメンテナンス**
>
> ４半期毎に資産配分を見直すモニタリングをする。
> 年に１回は資産配分を調整するリバランスをする。
> 運用の継続には、負荷をかけない「仕組み」の構築が重要。

前節までで、資産配分の考え方と具体的な配分方法について説明をしてきました。資産運用は始めることも重要ですが、それ以上に重要なことは、続けることです。定期的に資産の状況を把握し、メンテナンスを続けていくことで、投資の成果をより高めていくことができるのです。

個人投資家の多くが、投資で成果を上げられないのは、この続けるための仕組みがきちんとできていないことにあります。

モニタリングとリバランスとは

資産運用を続けるためにやるべきことは、モニタリングとリバランスです。モニタリングとは、**資産の状況を定期的にチェックすること**。そして、リバランスとは、現状の**資産配分比率の目標値との歪みを修正する**ことです。モニタリングは3カ月毎、リバランスは年に1回を目安に行います。

モニタリングの方法

株価、金利、為替といったマーケットは日々変動します。しかし、アセットアロケーションによって分散されたポートフォリオ運用しているのであれば、日々の価格変動に一喜一憂する必要はありません。長期的な資産形成が目的であって、短期の相場の動きから収益を狙っているわけではないからです。

証券会社から、3月、6月、9月、12月末時点の資産残高が取引残高報告書として送られてきます（ネットの取引画面上で見ることもできます）。モニタリングは、この取引残高報告書と同じタイミングで、銀行など他の金融機関にある資産も合わせて確認するのが良いでしょう。

■図4-12　資産設計シートの作成例

資産管理シート

2015.3.31

目標年	目標額	達成率
2018.12	20,000,000	21.1%

資産総額	前4半期	前4半期比	年利換算
4,220,000	4,000,000	105.0%	%

リスク配分

		種類	リスク金額	比率	配分	GAP
流動性資産	1	預貯金	1,750,000	41.5%	10.0%	31.5%
日本株式	2	インデックスファンド	100,000			
	3	アクティブファンド	600,000			
	4	個別銘柄	1,040,000	41.2%	10.0%	31.2%
日本債券	5	定期預金・国債等	100,000	2.4%	30.0%	−27.6%
外国株式	6	グローバル	0			
	7	先進国	100,000			
	8	新興国	200,000	7.1%	30.0%	−22.9%
外国債券	9	米ドル	0			
	10	ユーロ	0			
	11	その他	200,000	4.7%	10.0%	−5.3%
その他の資産	12	不動産	80,000			
	13	オルタナティブ	0			
	14	コモディティ	0			
	15	その他	50,000	3.1%	10.0%	−6.9%
			4,220,000	100.0%	100.0%	

日付	資産総額	目標額	達成率
2012.3	2,000,000	15,000,000	13.3%
2012.6	2,120,000	15,000,000	14.1%
2012.9	2,160,000	15,000,000	14.4%
2012.12	2,500,000	15,000,000	16.7%
2013.3	2,950,000	15,000,000	19.7%
2013.6	2,650,000	15,000,000	17.7%
2013.9	3,020,000	15,000,000	20.1%
2013.12	3,200,000	15,000,000	21.3%
2014.3	3,350,000	15,000,000	22.3%
2014.6	3,600,000	15,000,000	24.0%
2014.9	3,880,000	20,000,000	19.4%
2014.12	4,000,000	20,000,000	20.0%
2015.3	4,220,000	20,000,000	21.1%

　モニタリングはあまり頻繁に行っても、手間がかかる割に得られるメリットは多くありません。また、続けていくためには、モニタリングにかかる手間と時間をできるだけ抑えることが重要です。継続的な管理のためには、エクセルのような表計算ソフトを使って、資産を整理し、株価や投資信託の基準価額、為替レートなどを更新して入力するだけで、資産配分状況が自動的に計算されるようにしておくと便利です。

　図4-12は、そのようにして作成したシートの一例です。モニタリングには、2つの目的があります。

　1つは、リスクの状況を把握することです。資産をグループに分けて、それぞれに対する配分比率を時価で計算して、自分が想定している資産配分比率とズレが生じていないかを確認します。あまり厳密に比率をそろえようとする必要はありませんが、配分比率が低くなってしまった資産には、追加の資金を厚めに配分す

ることによって、資産の歪みを修正していくことができます。

　もう1つの目的は、全体の資産金額を時価で評価することです。資産運用によって資産がどの程度増えているのかを定期的に確認することで、運用方法について見直しをすることができます。評価額の変動にストレスを感じるのであれば、リスクの取りすぎになっていることになります。

■運用のストレス
毎日、資産残高が気になってしかたがない人はリスクの取りすぎと言える。

　新しい金融商品の売買を行わなければ、価格の変化を入力するだけで、最新の状況を把握することができます。この方法であれば、1回30分もあれば、モニタリングの作業は完了です。

リバランスの方法

　リバランスとはアセットアロケーションに基づき運用した結果、本来目標としている資産配分の比率と実際の配分比率にギャップが発生した時に、そのギャップを修正することです。例えば、日本株式の配分比率を資産全体の30％と決めても、相場の変動によって比率が徐々に変わっていきます。その比率を本来の目標とする数値に戻す作業がリバランスです。リバランスは、結果として相対的に値上がりしたものを売却し、相対的に値上がりの小さい（あるいは値下がりしたもの）を購入することになります。例えば図4-13のように日本株式40％、外国株式30％、日本債券30％の配分を基本としていたケースでバランスが崩れた場合、値上がり

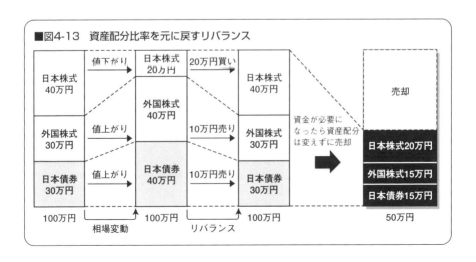

■図4-13　資産配分比率を元に戻すリバランス

した外国株式と日本債券を売って相対的に安くなった日本株式を買うことで、比率を元に戻します。したがって**値上がりした資産については利食い※をすることになり、値下がりした資産については、ナンピン※をするのと同じ効果を持ちます。**

図4-14はリバランスの頻度とリスク・リターンの関係を過去データから導き出したものです。これを見ると、リバランスはやらないよりやった方が良いという結果が出ています。また、一番頻度の低い年に1回のリバランスが、他の方法に比べ、良い結果になっています。

このようにリバランスは、割高になった資産を減らし、割安になった資産を増やす働きがありますが、**あまり頻繁にやりすぎると運用成果を逆に低下させる**のです。

資産配分比率やマーケット環境によって、分析結果は変わってきますから、リバランスの最適な頻度には1つの正解はありません。しかし、資産運用のリズムをつかみ、長い間続けるということを考えれば、1年に1回リバランスのタイミングを決めておき、定期的に実践していくのが、現実的です。

■利食いとナンピン
利食いは値上がりして含み益の出ている株を売って利益を確定すること。ナンピン（難平）は値下がりして含み損の出ている株をさらに買い増しして平均買付単価を下げること。相場下落時に買う、逆張りの手法。

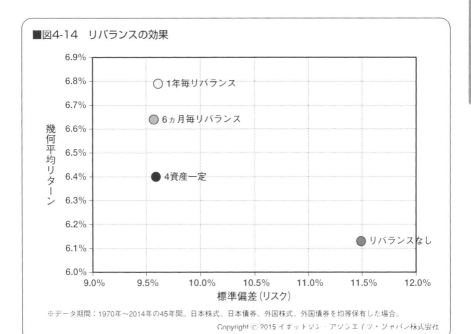

■図4-14　リバランスの効果

※データ期間：1970年～2014年の45年間。日本株式、日本債券、外国株式、外国債券を均等保有した場合。

資産設計のQ&A

金融商品を使った運用に関して、よく聞かれる質問をまとめました。

Q. 保有している金融資産のどれぐらいまでを投資に回すべきですか？

A. 手元においておく資金としては生活費の3カ月分が目安です。それ以外で10年程度の長期運用できる資金はすべて運用に回して良いと考えます。一部の商品を除けば、金融商品はいつでも解約できる流動性を持っています。生活費の3カ月分で万一の場合足りない事態になっても、流動性のある金融資産ならすぐ現金化することができます。手元に置いておく資金を厚めにしすぎると、「リスクを取らないリスク」を取ることになってしまいます。過剰なリスク回避は、資産が円に集中するという問題をもたらすことにもなります。

Q. 分散投資を始めたいが、持ち株が塩漬けになっていて売るに売れない状態です。損を出したまま売りたくはないし、どうすべきでしょうか？

A. これは考え方を変えれば解決する問題です。買った株が思惑に反して下落したために生じた含み損は過去の投資の結果であり、売っても売らなくても、損失金額は変わりません。過去にとらわれず、現時点で最も良いと考える投資を実践する方が、実損が出たとしても合理的な投資行動になります。もし、自分の資産がすべて現金だったら、どんな投資をするかというゼロベースで考えてみましょう。

Q. 「資産設計」では、目標が達成されるまでは、現金化（株のような手仕舞い、利益確定）はしないのでしょうか？

A. 基本の資産配分を維持し、長期で運用していくのが基本ですが、短期的に一旦資産を売却して現金比率を高める方が良いと判断する局面も出てきます。そのような場合には、資産の一部を現金化するという選択肢もあり得ます。

Q. 運用の途中でどうしても資金が必要になったらどうすればよいですか？

A. 資産を売却して対応することになりますが、原則は流動性が高く、売買コストの低いものからにすべきです。例えば、ノーロードの投資信託は売買にコストがかかりませんし、いつでも売買できます。逆に日本株のように売買コストのかかるものもあります。

想定していなかった資金が必要ということは、運用金額が変更になるということですから、目標金額の見直しと資産配分方法の再検討も行いましょう。

Q. 全世界同時株安など、市場のパニック時にはどうすればよいでしょうか？

A. リーマンショックのような相場の急落は、後から振り返ると投資の大きなチャンスであったことがわかります。市場が総悲観に陥った時は、割安に投資ができるタイミングと考えることができます。しかし、そのような局面で投資をするのは、プロでも難しいのが現実です。

Q. 外貨投資は必要だと思っているのですが、どうやって外貨投資の開始時期を決めればよいのでしょうか？

A. 結論から言えば「早く始める」ことだと思います。なぜなら外貨資産を保有していない人は円安リスクを抱えているからです。まず少額から外貨投資を始めてみ

ると良いでしょう。大切なのはタイミングを考えすぎるより、現状のリスクに早く対処することです。そして外貨投資に慣れてきたら少しずつ投資額を増やし、理想の資産配分比率まで外貨投資を増やすのが理想です。

Q. 外貨投資において、通貨を選択するポイントはどこにありますか？

A. 通貨選択のポイントは、やはり分散になります。外貨は大きく先進国通貨と新興国通貨に分けられます。先進国通貨で中心になるのは、やはりドルとユーロです。この2通貨をコアにして、豪ドル、英ポンドなどの多通貨を組み合わせていくことになります。新興国通貨は変動率が大きく、特に経常赤字国は為替レートが急落することが多いので注意が必要です。

Q. 投資したファンドが低迷している場合、我慢すべきでしょうか、それとも別のファンドに乗り換えるべきですか？

A. ファンドの運用実績が低迷している場合、同じ運用をしている競合ファンドや、ベンチマークと比較してみましょう。インデックスや他の競合ファンドより良い成績であれば、下落していたとしても保有を続けるべきです。ただし、資産配分の見直しによって配分比率が変わったら、調整する必要があります。

Q. 投資信託も個別株と同様に売り時があるように思われますが、どんなタイミングですか？

A. 投資信託の売却タイミングは次の3つが考えられます。1つはそのファンドに魅力が無くなったときです。例えばファンドマネージャーが交代して運用方法が変わっていた、運用成績が低下して今後のリターンに期待できなくなった、残高が急に

減少し運用に影響が出そうだ、といったファンド自体のクオリティの変化によるものです。2つ目はアセットアロケーション（資産配分）からの判断です。年に1回実行するリバランスのためにファンドを売却することは、比率を維持するためにも必要なことです。そして3つ目の売却理由は別の商品に乗り換える場合です。例えば日本株の場合、インデックスファンドで積立をして金額がまとまったらETFにスイッチする「リレー投資」（91ページ）を行うような場合です。

Q. 例えば「外国株式」「日本株式」などが大きく値上がりしてきて含み益がせっかくでている時でも、リバランスのために売るのですか？

A. 過去のデータによれば、リバランスはリターンの向上にプラスであるが、頻繁に行いすぎると逆にリターンに悪影響を与えるという結果が出ています。リバランスの頻度に正解はありませんが、年1回行うのが現実的です。

Q. 全部の資産が値下がりして、資産配分の比率が崩れた時でもリバランスをすべきでしょうか？

A. リバランスの目的は自分の理想とするアセットアロケーションを維持し、リスクを抑えながらリターンを狙うためです。すべての資産が値下がりしたときであっても、理想の配分比率に変化がなければ定期的なリバランスを実行していくべきと考えます。そのような状況では一番値下がりが小さかったものを売り、一番値下がりが大きかったものを買うことになります。相場変動に関係なく定期的にリバランスすることが、長期のリターンの実現につながることは過去データから明らかです。

第4章のまとめ

プロセス1 アセットアロケーションをリスクから決定する

金融商品のリスクは標準偏差で表すことができる。
自分のリスク許容度に収まる、資産配分を決定することが重要。

プロセス2 資産を6つに分類する

株価リスクと為替リスクをベースに6つのグループに分類する。
リスクを一定の範囲に抑える配分比率を決めることができる。

プロセス3 目標へのアプローチ方法を考える

現在保有する資産とこれから積み立てる資産を合わせて運用する。
目標金額は、実際の運用状況を見ながら、調整していく。

プロセス4 運用金額に合わせたポートフォリオ例

6つのアセットクラスに組み入れる商品を選択する。
運用金額が大きくなると商品選択の幅が広がり、分散効果も高まる。

プロセス5 理想のアセットアロケーションへ移行する

保有資産を時価評価して、6つのアセットクラスの比率を計算する。
1年程度の時間をかけて、理想の資産配分に移行する。

プロセス6 モニタリングとリバランス

3カ月に1回モニタリングを行い、運用状況を確認する。
年1回は資産配分をあるべき比率に修正するリバランスを実行する。

第 5 章

実物資産を使った資産設計 8つのポイント

資産には金融資産と実物資産があります。実物資産とはそのものが見える資産であり、不動産、金・銀・プラチナなどの貴金属、ワインの他、アンティークコイン、骨董品や美術品なども入ります。実物資産は金融資産とは対照的に市場の効率性が低く、市場の「歪み」から生じる超過収益を狙う投資対象です。特に不動産などは個別性が強く、対象物件の選択が重要になります。資産額が1,000万円を超えてきたあたりから、実物資産の組み入れを検討してみると良いでしょう。

資産設計塾［実物資産編］

ポイント 1

資産には実物資産と金融資産がある

> **実物資産と金融資産との違い**
>
> 実物資産とは、土地や建物などの不動産、
> 金（GOLD）やプラチナなどの貴金属の他、
> ワインなどがある。

　本章では、実物資産を使った資産運用にフォーカスします。実物資産は、株式や債券のように、金融マーケットで取引される「ペーパーアセット」とは対照的な資産です。不動産に代表されるような、投資対象が見える資産になります。

なぜ2つの資産を組み合わせるのか

　なぜ、資産運用をする際、金融資産と実物資産を組み合わせて保有したほうが良いのでしょうか？　その理由は、それぞれの投資対象にメリット・デメリットがあるからです（表5-1）。

　投資で収益を上げる源泉は、アルファ（α）とベータ（β）の2つに分けられることは、第2章で説明しました（52ページ）。アルファと呼ばれる超過収益を得るためには、市場の「歪み」を見つける必要があります。「歪み」とは、誰もまだ気付いていない情報が偏在している状態です。

　例えば、株式市場にはグローバルな市場参加者が情報に同時にアクセスしています。歪みがどこかに発生しても、すぐに誰かに気付かれてしまい、超過収益を得る機会が消えてしまいます。

　一般に金融市場は効率性が高く、この歪みを見つけることは簡単ではありません。このような市場では、コストをかけて超過収益を狙うのは賢明とは言えません。

実物資産は「歪み」を狙う投資対象

　不動産投資のような実物資産は、金融市場とは対照的に市場の効率性が低い投資対象です。取引コストが高い資産ですが、物件を調査して選択し、長期運用することによって、市場の「歪み」から生じる割安な投資対象を見出すことができます。ただし、金融資産に比べ最低投資金額が大きくなります。金融資産が1,000万円を超えたあたりから組み入れを検討すべき投資対象です。

■表5-1　実物資産と金融資産の違い

	実物資産	金融資産
流動性	低い	高い
取引コスト	高い	低い
価格の透明性	低い	高い
価格変動性	低い	高い
取引単位	大きい	小さい
投資家層	ローカル	グローバル

不動産投資のメリット　減価償却とレバレッジ

　資産運用の目的は、大きく、キャピタルゲイン、インカムゲイン、タックスメリットの3つに分けられます。

　株式や債券といった金融資産には、値上がりや配当・金利などによって収益を上げる方法があります。しかし、3つ目のタックス*メリットは、実物資産である不動産にしかない投資のメリットと言えます。

■タックスメリット
金融商品にもNISAのようなタックスメリットがあるが、限定的。

　不動産で得られるタックスメリットの1つに、**減価償却**があります。これは、購入した不動産の建物部分を法律で定められた年数によって費用として計上できる税制上の取り扱いです。

　特に法定耐用年数を超えた木造の建物は4年で償却が可能であり、節税メリットを目的として投資する人が増えています。

　レバレッジとは、少ない手元資金で借入などの方法を使い、大きな金額の取引を行うことです。金融資産でも、FXや株式の信用取引を使ってレバレッジをかけることができます。またREITも不動産投資法人が借入を行っていますので、実質的にレバレッジをかけているのと同じ効果があると言えます。

　しかし、不動産の場合はFXのような強制ロスカットもなく、信用取引のように追証を要求されることもありません。ローンの返済を予定通り行っていれば、借入を続けられます。

　減価償却もレバレッジも、投資する不動産のエリアや建物の築年数、材質（RCか木造か）などによって、その効果が変わってきます。これから詳しく説明していきます。

ポイント1　資産には実物資産と金融資産がある　　　　171

ポイント2 不動産投資は海外も投資対象になる

国内不動産と海外不動産の違い

人口減少時代・低成長の日本と
高い経済成長が続く海外とでは、
アプローチの方法に大きな違いがある。

実物資産の代表である不動産に関しては、投資対象は国内だけではありません。最近は日本人の間でも、海外の先進国や新興国の不動産に投資する人が増えています。同じ不動産でも海外不動産は国内不動産と大きな違いがあります（表5-2）。

■表5-2　国内不動産投資と海外不動産投資の違い

	国内不動産	海外不動産
投資環境	人口減少・低成長	人口増加・高成長
為替リスク	なし	あり
賃貸利回り	4～5％前後	国内より高い場合が多い
イールドギャップ	大きい	小さい
借入	フルローンまで	最大50～60％まで
相続税圧縮効果	高い	低い

海外不動産投資のメリットとリスク

海外不動産投資はリスクが高いから手を出しにくいという人がいます。特に、新興国は政治リスクや信用リスクが高く、経済規模も先進国よりは小さいため投資環境が不安定になることもあり、不確定要素が多いのは事実です。

また、外貨建ての投資になりますから、為替のリスクもあります。米国であれば米ドルの為替リスクになりますが、タイであればタイバーツ、フィリピンならフィリピンペソでの投資となります。これらの通貨が円に対して下落すれば（円高）、円ベースの投資のリターンはマイナスになることもありえます。

しかし、海外不動産投資には大きなメリットがあります。それは、**高い経済成長率とそれに伴う緩やかな価格や家賃の上昇期待**です。

先進国は日本と同様に低成長の国が大多数です。アメリカのように移民受け入れによる人口増加を続けながら、年間3％程度の

経済成長を続けている国は例外です。

フィリピン、カンボジアといったアジア新興国の経済成長率は、7％台の高いレベルになっています（表5-3）。

■カンボジア
特にカンボジアの実質GDP成長率は2011～2013年と3年連続で7％台と高い水準で、2014年も7％台を維持したと予測されている。

新興国の経済は先進国に比べ脆弱ですから、今後リーマンショックのような世界経済の急激な減速局面があれば、その影響を受けて一時的に成長が鈍化するかもしれません。しかし、長い目で見れば、成長は続くと見て良いでしょう。もし、年平均7％で10年間成長すれば、経済規模は2倍になります。

また、新興国の物件は、物件価格や家賃の上昇も期待できます。このような価格の上昇は、新興国では特別なことではありません。インフレと高い経済成長の中、価格は日本の高度経済成長期と同じように上昇傾向にあると考えて良いのです。

数年の間で、現地の人たちの生活スタイルも先進国化が進み、生活水準も上がって、消費も拡大していくはずです。

■表5-3　主な不動産投資対象国の経済成長率

国名	実質経済成長率（2013年）
日本	1.5%
米国	2.2%
シンガポール	3.9%
マレーシア	4.7%
タイ	2.9%
フィリピン	7.2%
カンボジア	7.4%

（出所）JETROホームページ

海外不動産のリターンは掛け算で決まる

海外不動産投資は、国内の不動産投資と異なり、為替の変動による影響もあります。円ベースの収益は、「物件価格の上昇率＝現地価格の上昇率×現地為替レートの上昇率」のかけ算で計算できます。

具体例で計算してみましょう。1ドル＝120円として、10万ドル（＝1,200万円）の物件を考えてみます。

物件が現地で10％値下がりしたとしても、為替が10％円安（1ドル＝132円）になれば、円ベースでのリターンは、ほぼゼロになります。物件が現地で20％値上がりし、さらに為替も20％円安

（1ドル＝144円）になれば、円ベースでは44％のリターンになります（図5-1）。

為替レートの変動は、円ベースの物件価格だけでなく、購入した不動産物件を賃貸した時の家賃にも影響します。10万ドルの物件を、月1,000ドル（12万円）で貸し出したとしましょう。毎月受け取る家賃も、現地での家賃の上昇と為替レートのかけ算によって変わってきます。1,000ドルの家賃が1,100ドルになれば、10％円高になって1ドル＝108円になったとしても、円ベースの金額では11万8,800円と殆ど変わらないことになります。

新興国は為替リスクが2階建てになる

アメリカの不動産以外で、米ドルで物件や家賃をやり取りするのは、カンボジアなど一部の新興国のみです。殆どの国では、**それぞれの国の通貨で投資し家賃を受け取る**ことになります。その場合、為替レートはドルと円の交換比率だけではなく、ドルと現地通貨の為替レートの変動にも影響されることになります。

例えば、マレーシアの不動産に投資をする場合、為替レートとしてはドルとリンギット（マレーシアの通貨）の関係もチェックする必要があるのです。

円とドル以外の他通貨の為替レートは、ドル円と米ドルと他通貨の関係に分解して考えることができます。このように米ドル以外の通貨で投資をする場合は、ドル円だけを見るのではなくドルと現地通貨の関係もチェックする必要があるのです。

■為替レート
東南アジア各国の通貨の1米ドルあたりの為替レートはマレーシア・リンギット（3.71）、シンガポール・シンガポールドル（1.39）、タイ・バーツ（32.87）、フィリピン・ペソ（44.85）といった水準となっている（2015年3月19日時点）。

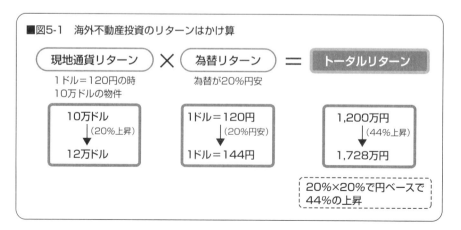

■図5-1　海外不動産投資のリターンはかけ算

国内の不動産のメリットとリスク

　日本の不動産には、海外不動産と比較して、対照的な面が多くあります。

　為替リスクも無く、日本人には土地勘もあり、後述するように賃貸利回りと借入金利の金利差が大きく、**ローンを使ったレバレッジ投資**に妙味があります。

　一方、投資環境を見ると、人口減少と成長率の低下という現実があり、日本人にとっては馴染みがあって一見リスクが低い投資対象のようにも見えますが、全体としての国内不動産投資環境は厳しいと言えます。

　日本国内の人口は、2008年から減少が始まり、東京も2020年から人口減少が始まると予想されています。2048年には、日本の人口は今より30％近く減少し、1億人を割るという予想もあります。現状でも、国内の賃貸物件の空室率は平均で20％近くあり、東京だけでも約10％と極めて高い水準です。経済成長率も新興国よりはずっと低く、日本全体のマクロ経済環境は良好とは言えません。このような中で着実に賃料収入が得られる物件を探し出すのは簡単ではありません。

　例えて言えば、日本で不動産投資をするのは、日経平均が下がっている中で値上がりする銘柄を探すようなものです。一方の新興国での不動産投資は、日経平均が上がっている中で、値上がりする銘柄を探すようなものと言えます。

　日本の不動産は、市場全体の成長からリターンを狙うものではなく、**どのエリアのどの物件を選択するかによって成果が大きく変わってくる**ものなのです。

■日本の将来人口
国立社会保障・人口問題研究所が発表した日本の将来推計人口（2012年1月・中位推計）によると、日本の総人口は2048年には1億人を割って9,913万人となり、2060年には8,674万人になると推計されている。

国内か海外かは、投資目的で決める

　このように不動産投資といっても、国内と海外では大きな違いがあります。大切なことは投資の目的がどこにあるのかということです。前述のように、不動産投資の目的は、キャピタルゲイン（値上がり益）、インカムゲイン（賃料収入）、タックスメリット（節税）の3つに分けられます。

　自分が何のために不動産投資を始めるのか明確にしてから、その目的にあった物件を選択するようにしましょう。

ポイント 3

不動産投資のプロセス

十分な調査と細心の注意で準備する

不動産は金融資産より流動性が低い。
物件の選択と購入、管理にあたっては、
細心の注意で行うことが必要になる。

　不動産投資は、金融商品とは異なり、個別性が強いという特徴があります。同じ国内の不動産であっても、投資するエリアのマクロ環境の違いによって、投資のリスクは大きく異なります。

　また、同じエリアにある物件であっても、**立地条件や建物の築年数、間取りなどによって収益性が大きく異なる**ことは珍しくありません。

マクロからミクロへのアプローチ

　国内の不動産は所有権が登記によって担保されていますが、海外では国によって状況は異なります。海外不動産の場合、投資対象とする国・地域は、**日本人が海外で不動産の所有権を確保できるところにすべきです。** そのようなエリアの中から、まずマクロのデータを調べ、投資エリアを絞り込んでいきます。

　自分が投資したい国・地域が決まったら、次のステップとして実際に現地に行ってミクロの情報収集を行い、最終的な投資物件を選択していくのです。このような、マクロからミクロへというアプローチを取ることで、後悔のない不動産投資が実践できるのです（図5-2）。

　マクロ分析は、現地に行かなくても情報収集が可能です。

　国内であれば、投資する市町村の統計データを収集し、人口流入などの基本情報を確認します。

　海外の物件の場合は、まずその国のマクロデータを確認します。

　人口動態、経済成長率、対円での為替レートの変動といった基本データだけではなく、人口ピラミッド、一人あたりのGDP、インフレ率、など細かく追っていきます。

　さらに、国レベルだけではなく、投資するエリアの情報を集めていきます。現地でしかわからない情報も、集めるべき情報としてリスト化しておきましょう。

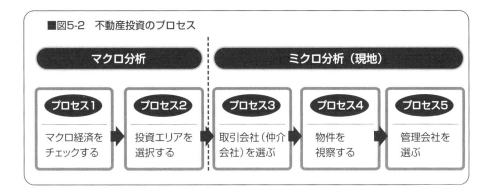

投資エリアの選択は、先進国と新興国では異なります。

アメリカのような先進国では、ニューヨーク、サンフランシスコといった国際都市だけではなく、テキサスの州都オースティンのようなセカンドティアの都市も投資対象に入れるべきです。

一方で、新興国の不動産投資の基本は首都になります。首都以外のエリアに投資する場合は、情報量が極端に少なくなりますから注意しましょう。

■所有権
中国、インドネシア、ミャンマーなど、外国人には不動産の所有を認めていない国も珍しくない。

現地視察の3つの目的

国内、海外に関わらず不動産投資の失敗を避けるためには、まず**信頼できる不動産会社の信頼できる担当者**から物件を紹介してもらうことです。粗悪な物件をつかまされたり、市場価格より高い値段で買わされたりしないためには、そんな現地の人を見つける必要があります。

不動産投資に際して現地視察するのには、次の3つの目的があります。

目的1　物件を実際に確認する
目的2　誰から買うかを確認する
目的3　誰に管理してもらうかを確認する

現地の視察と言うと、物件を見ることだけが目的だと思っている人が多いかもしれませんが、販売会社や管理会社のチェックも重要な現地視察の目的になります。

物件の周辺環境は現地に行かないとわからない

　物件の見学と言っても、現地で実際に購入する物件が見られるとは限りません。中古物件は既に完成している建物を確認できますが、新興国の新築コンドミニアムの場合、完成前にセールスをするプレビルド*と呼ばれる手法が一般的です。

　プレビルド物件の場合、建物はモデルルームにある完成予想の模型でしか確認できないことが普通です。すでに建設が始まっているものであっても、物件を外部から見るだけで最終的な建物のクオリティについてはでき上がってみないとわからないというリスクがあります。

　また、資金繰りに余裕のない中小のデベロッパーが手がける物件の場合、資金不足から建設が途中で止まってしまうこともあります。実際、カンボジアのプノンペンにはリーマンショックの影響でいまだに工事が中断している建物が存在します。このような物件に投資してしまうと、資金回収さえできなくなってしまいます。工事が中断しなくても、デベロッパーの施工能力が低いと工事が大幅に遅れ、想定していた賃料収入が得られないケースも出てきます。

　現地視察で確認すべきことは、周辺の環境や、住んでいる人たちのプロフィールといった物件の周りの環境です。また、すでに完成したコンドミニアムであれば、窓からの眺望、管理や清掃の状況もチェックポイントになります。

　不動産は物件の立地が大きく価値に影響します。通りをひとつ隔てただけでも、物件価値に大きな差が出ることもあるのです。現地に行って実際に周辺の環境をチェックすることで、地図を見ているだけでは見えない情報が得られます。これから建物が建てられるような物件であっても、周囲の類似物件の価格や賃貸料の水準をチェックすることによって価格の妥当性を推測することができます。不動産は需要と供給によって価格が変化しますから、周辺の競争環境を見ることが投資判断に役立つのです。

信頼できる不動産会社から購入する

　国内不動産でも、海外不動産でも、販売会社が信頼できるかどうかを見分けることは、簡単ではありません。

■プレビルド
物件が完成する前に購入する投資方法。完成リスクを取ることになるが、その分物件を割安に購入することができる。

■セカンドオピニオン
不動産業界は狭い世界なので不動産会社に関する情報収集は極めて有益。

初めてコンタクトをするパートナーに関しては、本人だけではなく、同じ業界の人からのセカンドオピニオン*を取れれば、信用度を確認することができます。問題ある人たちにはすぐに悪い評判が立ち、そんな話があちこちから耳に入ってきたりするのです。

特に海外不動産投資の場合、取引経験のない個人投資家がいきなり現地に行って物件探しを始めるのはリスクが大きいと言えますが、投資家の立場に立って情報提供してくれるアドバイザーがいれば安心です。

購入する会社は単に物件を紹介してくれるだけではありません。価格の交渉、複数の物件からの選択のアドバイス、ローンの手続きなど、購入後も長いお付き合いが続くケースが珍しくありません。また、将来売却を行う場合も、同じ不動産会社にお願いできれば安心です。

■デベロッパー(developer)
不動産開発業者のこと。マンション、オフィスビル、リゾート施設、ショッピングセンター、ホテル、都市再開発など、様々な物件の開発を手掛ける。

新興国の物件に関しては、デベロッパー*の選択が特に重要です。デベロッパー選択の基準として、これまでに開発した物件の件数、販売金額、実際に完成した物件を見るなど、過去の竣工実績の他、上場しているか、法人の国籍、活動している国・地域など会社の規模や概要、創業者の経歴や現地でのステイタスなど、会社の歴史などから総合的に判断することが大切です。

優良な販売会社であれば、信用度の高いデベロッパーの物件を厳選し、リスクエストした情報提供にもきちんと対応してくれるはずです。

購入後の管理も重要になる

不動産投資では購入時だけではなく、購入後の管理が重要です。物件を購入しても、**賃貸物件でテナントが付かなければ収益物件にならない**からです。

国内不動産であっても購入後はなかなか現地に行くことはできません。しっかりとした管理会社を探して契約し、安心して任せられる体制をつくらなければなりません。

私は、フロリダ州に購入したコンドミニアムを、現地のアメリカ人に賃貸しています。物件の管理は、現地で実際にオフィスを訪ねていき、ヒアリングした上で、信頼できると判断した地元の不動産管理会社に委託しています。彼らには空室時のテナントの確保から毎月のメールでの賃貸状況のレポートまで、きめ細かく

ポイント3 不動産投資のプロセス　　179

対応してもらっています。

また、日本の区分所有物件に関しては、購入した会社に管理をお願いしています。月額数千円という管理料で、テナントの募集から毎月の賃料管理まで依頼しています。

日々の管理を管理会社がすべて対応してくれれば、現地に行く必要もありませんし、手間がかかりません。このようなメンテナンスフリーの状態が実現できているのは、管理会社のクオリティが高いからです。

空室になった場合のテナントが見つかるまでの時間や日々の管理状況の報告方法などは、管理会社の能力によって異なると言えます。

良質な管理会社を見分けるには、管理体制やスタッフのクオリティをチェックする必要があります。また、管理戸数や全体の入居率などの実績を見ることで、管理会社の管理能力を知ることができます。

■図5-3　管理会社に依頼すること

1 テナントの募集

空室になった場合に、新しいテナントを募集、契約する

2 家賃の徴収

毎月の家賃を遅滞なく徴収する

3 物件のメンテナンス

共有エリアの掃除や整理整頓

4 トラブルの処理

テナントとのトラブルや設備不良への対応

column

スタディツアーの価値

たとえ海外でも現地視察は必須

　私が代表を務める株式会社資産デザイン研究所では、現地の専門家とのネットワークを活用して海外の不動産を視察するスタディツアーを企画しています。大手旅行代理店にパッケージツアーとして往復のフライト、宿泊、現地での移動手段をアレンジしてもらい、現地では私が選んだ専門家によるガイドを付けて視察をするというのが通常のパターンです。

　2013年からすでにアメリカ、マレーシア、シンガポール、タイ、フィリピン、カンボジア、バングラデシュなどで10回以上、このスタディツアーを実施しました。週末を使って、10人程度の少人数で出かけるケースが殆どです。

密度の濃い視察ができる

　スタディツアーの一番大きなメリットは、専門家によってアレンジされたムダのない時間配分で現地を視察できることです。スタディツアーに参加すれば、ガイドだけではなく、現地の不動産投資の専門家もバスに同乗して物件の案内や現地に関する情報を教えてくれます。

　私も現地同行し、参加者の立場から、わからない点や重要と思われる点にフォーカスして、質問したり情報を補足した

りしていきます。また視察プランも、現地の専門家と事前に打ち合わせをして綿密にプランを組み立てますので、時間にムダが少なく、短時間で効率的に視察をすることができるのです。

同じ目的を持つ仲間との情報交換

　このような専門家がいることもスタディツアーの大きなメリットですが、一緒に行く投資家仲間とのネットワークも楽しく有意義なものです。ツアーには一人で参加される人も珍しくありません。女性一人というケースも最近は増えています。最初は知らない人たちと一緒のツアーで緊張気味ですが、一緒に視察をして現地で時間を過ごしているうちに、他の参加者とも打ち解けて仲良くなっていきます。お互いに同じような目的を持って参加しているので、投資に関しての情報交換をしたりするメリットもあるのです。

　参加している人たちが皆、前向きで新しい投資対象に好奇心旺盛な人たちばかりなので、話をしていてもお互いに波長が合って楽しいのだと思います。

　特に、海外不動産投資をするなら現地視察は必須です。どうせ行くなら一人で行くのではなく、同じような志を持った仲間と行くべきです。スタディツアーの価値は参加者の高い満足度が証明しています。

4

ポイント

海外不動産とその特徴

> **日本人の海外不動産の投資対象地域**
>
> 成長期待が高い上に
> 日本からも地理的に近い
> ASEANの新興国が投資対象の中心になる。

　海外不動産投資の投資対象は、先進国と新興国の2つに分けられます。先進国の投資対象の代表国はアメリカです。日本人に馴染みが深く、不動産の法制度も整っているため、初心者が投資を始めるのに最適な国だと言えます。アメリカ以外の先進国としては、イギリス、ドイツ、カナダ、オーストラリア、ニュージーランドなどがあります。

　不動産投資の対象となる新興国は、東南アジアが中心になります（表5-4）。今後、中東やアフリカ、南米といったエリアにも投資対象が広がる可能性もあります。しかし、日本から近く、文化的にも共通点の多い東南アジアの新興国は日本の投資家の人気が高く、物件の選択肢も幅広いと言えます。

▍先進国の不動産はまずアメリカから

　先進国の不動産の中でも、まず投資の中心になるのがアメリカの不動産です。アメリカは欧州や日本と比べ、人口が現在も増加傾向をたどっているという点で、異なるマクロ環境を持っています。積極的な移民政策によって、現在約3億人の人口が、2050年には4億人近くまで増えると予想されています。

　また、世界の中でも不動産市場の透明性が最も高く、不動産投資のインフラが優れています。投資家として、安心して取引できるマーケットということができます。また、中古物件が市場の8割以上を占め、売却時においても流動性に優れています。

　アメリカでは、日本のように中古物件という理由だけで値下がりすることはありません。投資用物件に関しては賃貸の収益性という観点から価格が決定されることが多く、中古物件であっても、メンテナンス、修繕などをしっかり行い、テナントのニーズが強ければ立地によっては新築と同等の値段がつくケースもあるのです。

182　第5章　実物資産を使った資産設計8つのポイント

■表5-4　主な投資対象国と特徴

投資対象国	特　徴
アメリカ	法整備が整い、最も安定した投資国
ドイツ	ベルリンなどの成長都市に投資妙味。ユーロ建て投資
イギリス	ロンドンは価格急騰。地方都市に投資対象広がる
オーストラリア	外国人は新築のみ購入可能
ニュージーランド	一戸建て投資が主流
シンガポール	不動産価格は高く、利回りは低下。投資妙味は低い
マレーシア	外国人投資規制により、最低投資金額は100万マレーシアリンギット
タイ	バンコクは利回り低下。パタヤ、シラチャなどに投資対象広がる
フィリピン	マニラだけではなく、セブ島にも注目集まる
カンボジア	プノンペンが投資の中心。建設ラッシュで供給増える
バングラデシュ	現地法人経由の投資。ダッカ中心部は価格急騰
スリランカ	投資物件が少なく、今後の開発に期待

　さらに、不動産投資に必要なデータが整備されているのもアメリカの不動産市場の特徴です。エリア毎の空室率や人口の増減、世帯年収の推移などのデータを細かくチェックすることができます。人口動態や経済成長率などのデータを分析することで、アメリカのどのエリアに投資すべきかが見えてきます。

　アメリカの不動産市場には、海外不動産投資家にとってベストの環境が整っていると言えます。

アメリカ不動産は州単位で分析する

　アメリカの不動産投資といっても、地域によって大きな違いがあります。アメリカは連邦制を取っており、各州の独立性が強い国です。

■各国のGDP（名目）
イタリア（2兆713億ドル）、フランス（2兆7,350億ドル）、ロシア（2兆968億ドル）。（すべて2013年）

　また1つの州の経済規模が大きく、**他国一国を上回る規模**になっていることも珍しくありません。例えば、カリフォルニア州だけで、*イタリアやフランスと同じぐらいの経済規模がありますし、テキサス州はロシアと同じぐらいの経済規模になります。またフロリダ州は、オランダと同じぐらいといった具合です。

ポイント4　海外不動産とその特徴　　183

■テキサス州
テキサス州は古くから
米国の石油と天然ガス
生産の中心地で、近年
ではシェールガスの開
発も進められている。
テキサス州の実質
GDP（2012年）は
1兆2,117億ドルで国
別のランキングに入れ
るとスペインに次いで
14位に該当する。

つまり、アメリカの1つの州が持つ経済規模は、新興国よりも
はるかに大きかったりします。したがって、アメリカ全体ではな
く、州単位あるいは都市単位で投資機会を分析しておくべきなの
です。

テキサス州のオースティンの経済成長率は、年6％以上ありま
す（2013年実績）。先進国は経済的に成熟しており、高い経済成
長率は望めないと考えられている中で、アメリカの一都市圏の経
済成長率が、新興国のようなペースを維持しているのです。もち
ろん、その一方で経済成長率が低迷している都市もあります。デ
トロイトなどは、その代表格です。

減価償却のメリット

先進国の中古不動産に投資するメリットとして、「減価償却」が
あります。日本の木造住宅は、築30〜40年ともなると建物価値が
ゼロになるケースが殆どです。一方、アメリカでは中古物件を長
く使用することが一般的であることから、築100年の建物でも流
動性があり、マーケットで普通に取引されています。築30年程度
の建物の場合、物件価格に占める建物価格の割合が90％近くにな
ることもあります。

減価償却年数については、日本国内での課税には日本の税制に
則った耐用年数が適用されます。例えば、築22年を超えた木造住
宅は4年（22年×20％＝4.4年、端数切り捨てで4年）で減価償却
が可能となります。

日本円で1億円の物件を購入した場合、建物比率が80％として
8,000万円になります。木造で築年数が22年を超える物件の場合、
4年で減価償却できますから、年間の償却額は2,000万円になりま
す。

所得税率が高い人にとっては**償却による所得税課税額の圧縮は
大きなタックスメリット**となるのです。

先進国の中古不動産投資の場合、収益性だけではなく、税制上
のメリットについても合わせて検討材料とすべきです。

新興国不動産の特徴

新興国の不動産の魅力は、高い成長性にあります。経済全体が
成長している国では、個別物件の良し悪しに関係なく、市場全体

が成長していく中で物件価格や賃貸料が上昇する可能性が高いのです。

経済には浮き沈みがありますから、例えば1997年のアジア通貨危機や2008年のリーマンショックのような、厳しい経済環境に追い込まれる局面もあります。しかし、長期的には高い成長率を維持しているのです。

■人口構成
例えば、ベトナムの平均年齢は29歳、カンボジアは23歳とかなり若く、消費の中心となる生産年齢人口の比率が非常に高い。

アジアの新興国の人口構成比[*]は、若年層の比率が高く、きれいなピラミッド構造になっている国が多いのです。若年層の人口が多いということは、中長期的に見ても、経済はまだまだ成長を続けるであろうことを示唆しています。日本の高度経済成長期と同じような状況です。

■表5-5　アジアの主な投資対象国の比較（2013年）

国名	人口	GDP（名目）	1人当たりGDP（名目）
シンガポール	547万人（2014年6月末）	2,979億4,100万ドル	54,776ドル
マレーシア	3,009万人	2,499億6,300万ドル	10,548ドル
タイ	6,446万人（2012年）	3,872億5,200万ドル	5,674ドル
フィリピン	9,820万人	2,720億6,700万ドル	2,790ドル
カンボジア	1,470万人	155億1,100万ドル	1,016ドル
バングラデシュ	1億5,360万人（2012/13年度）	1,738億1,800万ドル	904ドル
スリランカ	2,048万人	672億300万ドル	3,162ドル

（出所）JETROホームページ（カンボジアの人口のみ外務省ホームページ）

海外不動産投資の税金

海外不動産の税金は、現地で徴収されるものと、日本で納税しなければならないものとに分かれます。現地の課税金額は国によって異なり、購入時に外国人に対して課税するケースもあります。

不動産賃貸に伴う収入が現地で課税される場合、二重課税されないようにするため、**外国税額控除**を行います。所得税に関しては、海外で納税した外国の所得税を、日本国内で確定申告した所得税から差し引き、残った金額を納税します。

売却の際の売却益も同じように、海外での課税分を国内の納税金額から差し引いて納税することになります。

海外不動産の税金については、海外税務に詳しい税理士に相談するのが安心です。

ポイント5 国内不動産とその特徴

日本不動産の投資環境

日本の空き室率は年々上昇中だが、借入がしやすくイールド・ギャップは大きい。東京都心などを中心に、慎重なエリア選定が必要。

国内の不動産投資は海外に比べ、日本人には馴染みやすく、物件も身近にあるため、安易に考えがちです。しかし、投資環境はかなり厳しく、慎重な投資が求められます。

日本全体では人口減少で空室率は上昇傾向

図5-4は首都圏の賃貸住宅の空室率の推移をグラフ化したものです。

空室率が低いと言われる東京の都心部でも10%以上の空室率となっており、市部になると、15%を超えています。首都圏以外のエリアは更に空室率が高く、20%以上という地域も珍しくありません。

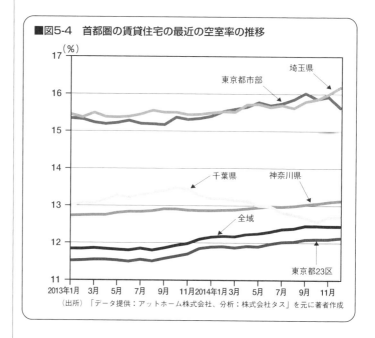

■図5-4　首都圏の賃貸住宅の最近の空室率の推移

（出所）「データ提供：アットホーム株式会社、分析：株式会社タス」を元に著者作成

賃貸物件の需給は借り手の数と供給戸数によって決まります。需要サイドから考えると、投資対象とするエリアは人口が増加している地域であることが重要です。日本全体では人口減少が始まり、人口が増えている地域は、東京をはじめ限られています。

東京の中でも、多摩地区のように住民の高齢化が進み、人口減少によって需給関係が悪化しているところもあります。

国内不動産投資で重要なのは**エリアの選定**です。人口増加が続く新興国のように全体で成長していくわけではありませんから、エリアの選択によって大きな差が出ることになるのです。

国内不動産は「利回り差」を狙う

また、日本の不動産は、新興国に比べ利回りが低くなります。現状都心のワンルームマンション投資の利回りは4％台まで低下しています。これは、新興国の不動産が2ケタ近い利回りであることと比較すると随分低い数字になります。

しかし、日本の不動産投資には、借入金利も低いというメリットがあります。国内で不動産投資のために借入を行うと、個人差はありますが一般に2％以下で借入が可能です。運用利回りと借入金利の差を「イールド・ギャップ」と言いますが、それが日本では3％程度確保できます（図5-5）。新興国は投資の利回りも高いですが、借入金利も同じ位高く、イールド・ギャップは日本ほどにはありません。

このように**運用利回りが低くても借入金利との差が大きければ、金利差から収益を狙うことができる**のです。日本の不動産はローンを組んで、借入を行い、借入金利と運用利回りの差から収益を狙う投資としては、魅力的です。

また、借入には別のメリットもあります。ローンを借りると、**団体信用生命保険**と呼ばれる死亡保険に入ることになります。借り手に万が一のことがあった場合、ローンの残債が支払われる仕組みです。つまり、ローン残高と同額の死亡保険に入ったのと同じことになります。ローンを組んで不動産を購入すれば、毎月保険料を支払って加入する死亡保険は入る必要がなくなります。

もちろん、借入をして不動産投資を行う場合には、空室リスクや家賃の下落リスクがあります。メリットだけではなく、リスクについての充分な吟味が必要です。

■日本の空き家率
住宅・土地統計調査によると、2013年10月1日現在の日本の総住宅数は6,063万戸。うち空き家数は820万戸で空き家率は13.5％と過去最高となった。

■図5-5 日本のイールド・ギャップ

手堅いのは都心・中古・区分所有

　国内不動産の投資対象としては、一戸建てかマンションか、鉄筋コンクリートか木造か、区分所有か一棟買いか、といった様々な選択肢があります。それぞれにメリット・デメリットがありますが、投資初心者が最初に国内不動産投資を考える場合、**東京都心の中古ワンルームマンション**への投資が、有力な選択肢です。

　立地に関しては、東京の中心部への投資が基本になります。特定のエリアに特別な情報や知識を持っている場合は別ですが、利回りの高さだけに注目して、地方の高利回り物件に投資するのは賢明とは言えません。高い利回りは満室想定時に過ぎず、テナントが埋まらなければ実際の利回りは低下するからです。地方に比べて利回りが低くても空室率も低く安定してテナントが入る都心部の物件の方が、安心して保有することができます。

　またアパート1棟をまとめて購入し、投資を始める人もいます。これも短期間で大きな賃貸収入を一気に実現できる可能性があり

ますが、ハイリスクな投資になります。手間を考えれば効率的ですが、物件が1カ所にまとまっている分、集中リスクが高くなります。市場に出回っている、中古アパートは木造物件が多く、鉄筋コンクリート（RC*）に比べ、価格が安い分将来の物件価値の下落が大きくなる傾向があります。

さらに大口の優良な物件の売り情報は、投資実績のある資金に余裕のある人に集まってきており、一般に流通している情報からは良い物件がみつかりにくいのも事実です。

投資物件を購入する場合は、**新築より中古物件の方が価格が割安**です。また、中古であれば、既にテナントが入っている物件を購入することもでき、購入した日から家賃を受け取ることができます。

都心のワンルームマンションの特徴

都心のマンションの区分所有を購入する場合、ワンルームマンションとファミリータイプで違いがあります。ワンルームは、テナントの出入りが多いという難点はあるものの、空室期間が短くテナントが決まりやすい傾向があります。

単身者の数は、若年層だけではなくシニア層でも増えてきており、都心の便利な立地の人気は高く、間取りは狭くても利便性を重視して住みたいというニーズは高まっているのです。2015年1月現在、東京23区内の中古ワンルーム物件であれば、管理料などのコストを除いて、年間4～5％の賃貸収入が得られます。

同じ23区内でも、六本木や白金といった人気の高い街の物件は利回りが低く、郊外になれば利回りが上昇する傾向があります。東京23区の中でも特に都心3区（千代田、中央、港）は物件が少ない割に、投資家のニーズが高く、価格が上昇しているために、利回りは相対的に低くなってしまうのです。

例えば、1,000万円の物件であれば、年間50万円弱の家賃が入ってくることになり、毎月4万円程度になります。家賃は、将来下がる可能性もありますが、5％として10年経てば、5％×10年で50％。物件価格の半分が家賃収入になります。家賃が維持されて、満室が続けば10年後に物件価格が半分になっていても、プラスマイナスゼロということになります。

空室率を抑えることができれば、投資対象としてのリスクはミ

■RC（Reinforced Concrete）
鉄筋コンクリート構造のこと。柱や梁といった建物の主要部分に鉄筋が入って補強されたコンクリートを使用する構造、工法。

■中古物件
新築物件は買った瞬間1～2割下落すると言われている。

ニマイズされていると言えるのです。

　都心の中古ワンルームマンションよりも利回りの高い物件も存在します。しかし、空室リスク、物件の集中リスク、建物の陳腐化リスク、管理の手間、売却のしやすさといった総合的な判断から、不動産投資初心者にとっては最適な投資対象と考えることができるのです。

相続税対策としての国内不動産

　日本の不動産には相続税対策としてのメリットもあります。相続税計算に使われる国内の土地の評価は公示価格の80％を目途とする**路線価方式**[*]によって引き下げられます。

　また、建物も**固定資産税評価額**での評価となり、建築費の50％～70％程度になるとされています。

　さらに、賃貸物件の場合は、借地権割合や借家権割合が考慮されるので、評価額を一段と引き下げることができるのです。

　投資用のマンションであれば、評価額を30％近くにまで下げられるケースがあるといいます。つまり5,000万円の不動産投資物件が、1,500万円の相続税評価額に下げられる可能性があるのです（物件によって個別差があります）。

国内不動産投資の税金

　国内不動産の税金は、購入時、保有時、売却時の3つに分けて考えるとシンプルに理解できます。

　まず購入時には、不動産取得税、登録免許税（登記費用等）、**印紙税**などがかかります。また建物には**消費税**がかかることもあります。

　保有期間中には、毎年**固定資産税**[*]がかかります。物件から賃貸収入を得た場合は**所得税**の課税対象となります。

　売却時には売却益が出た場合、譲渡所得税がかかりますが、保有期間によって分かれます。保有期間が5年以内の場合だと、短期譲渡所得として譲渡所得の39.63％となります。保有期間が5年超になると、長期譲渡所得として譲渡所得の20.315％となります（いずれも復興特別所得税を含む）。

■路線価
相続、遺贈、贈与による取得財産に係る相続税及び贈与税の財産を評価する際に適用される。国税庁が毎年7月1日に公表。

■固定資産税
毎年1月1日現在で、固定資産課税台帳に登録された課税価格に対し標準税率1.4％で課税される（特例軽減あり）。都市計画区域内であれば、都市計画税も課税され、一緒に徴収される。

190　　第5章　実物資産を使った資産設計8つのポイント

column

二極化する日本の不動産

激安不動産のカラクリ

　日本国内にも10万円で買えるリゾートマンションがあります。

　かつてバブル期にスキーのメッカとして賑わい、多くのリゾートマンションが分譲された越後湯沢の不動産会社のサイトで物件検索すると、10万円の物件が大量に並んでいます。価格は10万円ですが、購入後は管理費が月15,000円で、年間の維持費は固定資産税なども入れれば、20万円以上かかります。高額な維持費用もあって「ババ抜き状態」になっています。

　このようなマンション価格の崩壊は、スキー場のリゾートマンションだけではなく、首都圏でも起こっています。

　例えば不動産サイトで検索すると、千葉県にある47平方メートルの築40年の2LDKの物件が、180万円で売られています。日当たり、眺望も良好で壁や畳はリフォームされており、最寄駅から東京駅まで快速に乗れば60分。価格が低い理由の1つが、5階にあるのにエレベーターが無いこと。高度成長期に建てられた典型的な公団マンションなのです。こちらも管理費・修繕積立金だけで毎月約2万円かかるということです。いくら安くても「買ってはいけない」物件と言えるでしょう。

都心回帰は世界の趨勢

　住む場所が郊外から都心へ回帰するという流れは、日本の首都圏だけではなく、先進国におけるトレンドにもなっています。アメリカでも郊外に大きな家を買って車で生活するより、街の中心部のコンドミニアムに住み、車を使わない生活をする人が増えていると聞きます。高齢化が進めば、維持することが難しい、郊外の戸建てを売却して、小さなマンションに買い替える人がさらに増える可能性もあります。

　人口が年間20万人以上も減少している日本では、住宅の供給戸数は明らかに過剰です。不動産投資をする場合、成長している人口増加国では需要が増えていきますが、日本は需要が全体として減っており、その傾向は政府が移民受け入れ政策でも取らない限り、ずっと続くはずです。

　これから日本国内の不動産の「二極化」が益々進むはずです。空室で家賃が取れないだけではなく、売却しようと思っても売れないという恐ろしい物件を掴まされる投資家も出てくることでしょう。

　不動産はロケーションが命。自己責任でしっかり物件を選ぶことと、信頼できる会社と長いお付き合いをしていくことが必須です。

実物資産

ポイント6 ワイン投資

ワイン投資の特徴
ワインは金や原油と同じコモディティだが
「需要」「供給」「熟成」の3つに独自性がある。
取引コストが高く、長期のリターンを狙う商品。

ワインも、不動産投資と並ぶ実物資産の1つです。ワイン投資は、欧米では年金運用の一部に組み入れられるほど一般的ですが、日本ではようやく一部の個人投資家の間で注目されはじめた程度です。

現物ワイン投資の方法は、極めてシンプルです。ワインを選んで購入し、それをワイン専用の温度管理の行き届いた倉庫で保管管理してもらう。そして売却のタイミングが来たと判断したら、市場価格で売却する。極めてシンプルな「バイ・アンド・ホールド（Buy&Hold）」の投資法になります。

ワインの現物を使って投資する方法

現物ワイン投資を行う場合、ワインの品質に関して信頼できる会社を使うことが重要です。ワインは保存状態によってその価値が大きく変わりますから、「出自」がとても重要なのです。

ディスカウントショップなどで、高級ワインが低価格で販売されていることがありますが、店頭に並ぶまでの保存状態や輸送の方法の信頼性が低く、品質に対するリスクが高いことから、投資対象にはなりません。

ワインは値上がりを待つ間、保有が必要ですが、自宅のワインセラーで保存するのではありません。保管料を支払い、専門の会社の倉庫で管理をしてもらいます。信頼できる業者を選択し、管理もきちんとやってくれる会社を選ぶ必要があります。

例えば、イギリスのワイン商BB&R（ベリー・ブラザーズ・アンド・ラッド）社の場合、ワインはフランスの造り手から直接BB&R社のセラーに収められ、最終的に飲むときになるまでは、同じ場所で眠っています。

投資家の間で売買されることもありますが、所有者が変わっても、同じようにセラーに保管を続け、BB&R社が誰が所有者なの

かを管理しています。このような方法で醸造されてからの保存状態が良く、ヒストリーがわかるワインは、信頼度が高く、市場でも高く売却できるのです。

現物ワイン投資のメリット

ワイン投資は、1本1万円以下のワインであれば、1ケースで10万円程度から投資できます。

購入したワインは、最終的に売却して利益を上げることもできますし、現物をデリバリーしてもらい、自分で飲むことも可能です（輸送料が別途かかります）。

欧米の投資家の中には2ダース購入して、価格が2倍になると1ケースを売却。もう1ケースを自分が飲めば無料になる、といった楽しみ方をしている人もいるそうです。値下がりした場合は、投資としては失敗ですが、自分の好きなワインであれば飲んでしまうという方法も選択できます。

趣味と実益を兼ねることができるのが、現物ワイン投資の他の投資にはない特徴です。

他のコモディティとの違いは「需要」「供給」「熟成」

■フランスワインの三大銘醸地と言えばボルドー、ブルゴーニュ、シャンパーニュである。フランスワイン全生産量のうち、ボルドーは13.5％、ブルゴーニュは3.0％に過ぎず、希少価値が高い。

また、ワイン投資は、フランスのボルドーやブルゴーニュの高級ワインを対象にしますが、金（ゴールド）のような、他のコモディティにはない特徴があります。それは、「需要」、「供給」、「熟成」の3つで説明できます。

ワインは欧州では長い歴史を持ちますが、最近はその人気がアジアにも広がっています。日本人がワインを本格的に飲み始めたのは約30年ほど前からだと思いますが、同じような状況が中国やロシア、そしてそれ以外の新興国の富裕層にも広がりつつあります。

"経済的に豊かになるとなぜかワインを飲み始める"という図式は、どうやら世界的に共通していることのようです。ワインマーケットが広がれば、投資対象になる高級ワインの需要も必然的に高まってくるのです。

フランスなど、ヨーロッパの生産国で多く飲まれていたワインですが、やがて保存や運搬の技術向上により、ワインの市場は世

界中に広がっています。

　また、新興国においては、輸入されるワインに対して高い関税をかける国もまだ多く存在します。例えば、インドのように300％もの関税がかかる国では、ワインはまだ一部の富裕層にしか浸透していません。今後、関税が下がっていけば、ワインの需要拡大に大きなプラスになることが期待されます。

　供給面を見ると、ボルドーやブルゴーニュの高級ワインはヴィンテージと呼ばれる生産年があります。当然のことながら、過去に生産されたワインは今後同じ年号で作られることは二度となく、消費されることで供給が減っていくのです。

　新しい年号のワインは作られますが、人気が上昇したとしても、フランスでは生産する畑を拡大することが法律で規制されているため、供給は増やせません。むしろ**消費によって供給が減っていくということを考えれば、希少性が高まる**ことが期待できるのです。

　そして、ワインの3つ目の特徴が熟成です。時間とともに劣化するものもありますが、保有している間に熟成しておいしくなる長期熟成タイプのワインが存在し、その銘柄は年月を経るとともに価値が高まっていきます。ボルドーやブルゴーニュの赤ワインがその代表です。

　このような3つの要素が、ほかのコモディティにはないワイン投資特有のポジションを作っているのです（表5-6）。

■表5-6　ワイン投資と金投資の違い

	ワイン現物投資	金現物投資
最低投資金額	10万円程度（積立もあり）	1,000円（積立の場合）
保管方法	会社のセラーで保管	自宅や貸金庫で現物保管
金利・配当	なし	なし
為替リスク	あり	あり
供給	同じヴィンテージは消費によって減少	増加する可能性あり
需要	新興国に強い需要	宝飾品需要が存在
熟成	高級赤ワインは熟成	熟成しない

現物ワイン投資のデメリット

　一方で、ワイン投資にはデメリットもあります。まず、ワインの価格変動リスクがあります。ボルドーやブルゴーニュの高級ワインは長期的に見れば、今まで大きく値上がりしてきましたが、景気変動の影響を受けることもあります。価格は需要と供給によって決まってきますから、供給が安定していても需要が減退すると価格が下がることもあるのです。

　想定通りに値上がりしない場合は、**売却損**が発生することもありますし、まったく値上がりしない可能性もあります。値上がりするワインを見つけなければならないのは、株式の銘柄選択と同じような難しさがあります。ただし、前述の通り現物ワインは売却するのではなく、倉庫から日本に取り寄せ、自分で消費することもできます。金融商品との大きな違いです。

　また、購入したワインを保管してもらう会社に対する**信用リスク**や、保管しているワインの**破損リスク**もあります。

　信用リスクとは、保管してもらっている会社が破綻してしまうリスクです。これに関しては、信用できる業者を選択するしか対処方法はありません。

　さらに、金融商品に比べて、流動性が低く、売りたいときに売れない可能性があります。また、取引コストが高いのも金融商品に比べデメリットと言えます。

　ワインの保有期間中は専用の倉庫で保管する必要があり、保管コストがかかります。

　このように投資に関わるコストが高いことから、ワインの現物で短期でのリターンは期待できません。5年から10年かけてじっくりと価格上昇を待つのが、この投資のオーソドックスな方法になります。

現物ワイン投資の税金

　現物ワインの値上がりに対して、イギリスでは税金がかかりませんが、日本では値上がり益が**雑所得**として総合課税の対象となります。個人でワイン投資を行い、ワインを売却して利益が出た場合は、日本で確定申告をする必要があります。

■ワインの保管
ワインの保管に関しては温度13度前後、湿度70％前後、光を遮断した暗闇での保管が条件とされている。

実物資産

ポイント6　ワイン投資　　　195

ポイント7 金（貴金属）の現物取引

金現物取引の特徴

金、プラチナ、銀など貴金属の現物取引は積立を使って月額1,000円から始められる。
コモディティの一種なので、激しい価格変動に注意。

　実物資産としての投資対象にコモディティがあります。これは、エネルギー、穀物・農産物、貴金属などに分類され、主に先物市場で売買されています（表5-7）。その中で、金（ゴールド）のような貴金属は、株、債券のように企業や国の信用力をバックにした価値ではなく、そのもの自体の価値を持ちます。金融商品の裏付けになっている国や企業の信用力に不安を持つ投資家にとっては、安心できる投資対象と考えられるのです。

■表5-7　コモディティの分類

種類	商品例
エネルギー	原油、天然ガスなど
農作物・穀物	米、小麦、大豆、とうもろこし、綿花、砂糖、コーヒー、カカオ、天然ゴムなど
畜産物	牛、豚、鶏、牛乳など
産業用金属	鉄鉱石、銅、ニッケル、アルミニウム、亜鉛など
貴金属	金、銀、プラチナ、ダイヤモンドなど

（出所）各種資料より作成

需給によって価格は大きく変動

　現物の裏付けがある貴金属ですが、投資には大きなリスクがあります。貴金属も価格の変動は需給によって決まります。

　金（ゴールド）の場合、宝飾品としての需要によって価格が変動することもあります。近年、中国とインドで金消費が急増しており、2013年はこの2国だけで45％を超えています。また、各国の中央銀行が外貨準備の一部を金で保有しており、中央銀行の金の保有比率の変更によって市場の需給に影響が出ることもあります。

　さらに、金はリスクからの逃避資金の受け皿になる資産です。

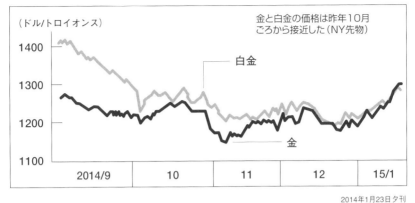

■図5-6　最近の金とプラチナの値動き（NY先物）

2014年1月23日夕刊
（出所）日本経済新聞

金融市場への不安が高まると資金が流入して需要が高まりますが、逆に信用不安が低下し他の資産へ資金がシフトすれば、価格が下落する可能性もあります。

価格変動の大きな貴金属ですが、それぞれの価格の動きは異なります。例えば、図5-6は金とプラチナの直近の値動きを比較したものですが、同じ貴金属であっても価格変動の要因が異なることから、価格変動の相関が高いとは必ずしも限りません。プラチナは、希少性が高く通常は価格が金より高い水準で推移するのが普通ですが、最近は在庫がだぶつき気味で金との価格差が縮まり、逆転することもあります。

一方、金は前述の通り、株式などの資産からのリスク回避先として考えられており、相対的には値下がりが小さく、プラチナとの価格が逆転しています。

このように貴金属の値動きはそれぞれ異なることから、貴金属に投資する際は1つの貴金属だけではなく、複数のものに分散させることがリスクを回避するために重要になります。

■公的保有金が最も多い国はアメリカで、8,100トン余りと2位のドイツの3,387トンを大きく引き離している（2013年12月時点）。

高値つかみを避けるためには積立の活用を

貴金属への投資には、個人投資家向けに提供されている積立を使って、時間分散をするのが基本です。表5-8のように貴金属専門会社、あるいはネット証券が積立プログラムを提供しています。

ポイント7　金（貴金属）の現物取引　　197

■表5-8　貴金属積立の主な取扱会社の例（2015年3月20日時点）

取扱会社	取扱商品	積立の最低単位
田中貴金属工業	金、プラチナ	月額1千円以上1千円単位
三菱マテリアル	金、プラチナ、銀	月額3千円以上1千円単位
住信SBIネット銀行	金	月額1千円以上1千円単位
楽天証券	金、プラチナ、銀	月額1千円以上1千円単位

（出所）各社ホームページ

金、プラチナ、あるいは銀といった商品の取引が可能です。

　積立の口座を保有していると、毎月の定額買付以外に**スポット買付**と呼ばれる随時の買付もできるようになります。相場動向を見ながら機動的に売買したいという人には便利な機能と言えます。

　また、取引会社が地金商などの場合、会社によっては積み立てた金を売却するだけでなく、金地金やジュエリーなどと等価交換を選択することもできます。

■店頭で買付
積立口座が無くても店頭で金地金、金貨、プラチナを購入できるがスポット買付に比べ手数料が割高になる。

貴金属の現物取引の税金

　貴金属を売却する際に売却益が発生した場合、個人投資家には「譲渡所得」あるいは「雑所得」がかかります。一般のビジネスパーソンの場合、譲渡所得として扱うケースが普通で、他の所得と合わせて総合課税の対象となります。

　譲渡所得は他に該当する譲渡益と合わせ、**年間50万円の特別控除枠**がありますが、保有期間が5年以内か5年超かによって算出方法が変わります。

● **保有期間が5年以内の場合**

　　譲渡価額　－（取得費＋譲渡費用）－　　特別控除50万円
　　　　＝　課税対象の譲渡所得金額

● **保有期間が5年超の場合**

　　（譲渡価額　－（取得費＋譲渡費用）－ 特別控除50万円）× 1/2
　　　　＝　課税対象の譲渡所得金額

　税金についての詳しい取り扱いは、取扱い業者や国税庁のホームページなどで確認しておきましょう。

column

ファンドを使ったワイン投資

ワインファンドとは、ワインの現物投資とは異なり、投資家の資金を集めてファンドを組成し、ワインに投資をしていく仕組みです。

投資信託とは異なる仕組み

日本国内では、ヴァンネットという会社が営業者となっている匿名組合契約によるファンドが代表的です。匿名組合契約は、あまり馴染みの無い投資の仕組みですが、小口の資金を集めてまとまった金額を投資していく金融商品です。投資信託に似ていますが、仕組みはかなり異なります。

例えば、匿名組合契約では投資信託のように基準価額が毎日公表されることはありません。また、投資信託の場合、大半のファンドはオープン型と言って、い

つでも購入と解約（売却）が可能ですが、ワインファンドの場合、募集期間が決まっていて、それ以外のタイミングでは購入ができません。また解約に関しても制約があります。

基準価額が発表されないので、ファンドの運用実績を日々把握することができませんが、ヴァンネットのワインファンドの場合、決算の度に出資者に対し財務状況が郵送で報告されます。

ヴァンネットが募集しているワインファンドは年に1回ないし2回の募集期間があります。また償還までの期間は7年程度となっています。過去の運用成果を見ると良好な成績となっていますが、元本保証された商品ではないことに注意しましょう。ワインの現物と同じように為替リスクも持った金融商品になります。

■表5-9　ワインファンドの例

ファンド名	投資通貨	運用開始日	満期償還日	運用期間	円ベース利回り (為替込・円建て)	ユーロベース利回り (現地通貨・ユーロ建て)
ワイン投資ファンド （収穫年：2001年もの）	日本	2002年5月	2009年3月	6年10か月強	54.37%	38.46%
2003ワイン投資ファンド	日本	2003年5月	2010年3月	6年10か月強	20.24%	44.11%
ワイン投資1号ファンド （2004PB）	ユーロ	2004年2月	2011年1月	約7年	18.43%	41.72%
2004ワイン投資ファンド	日本	2004年5月	2011年3月	6年10か月	15.22%	33.57%
2005ワイン投資ファンド	日本	2005年6月	2012年3月	6年9か月	38.61%	65.72%
コレクターズ・ファンド	日本	2005年11月	2012年9月	6年10か月強	30.73%	75.40%

（出所）ヴァンネットホームページより著者作成

ポイント 8

実物資産を組み入れたポートフォリオ例

1億円までの資産運用

資産金額が1,000万円を超えてきたら
実物資産も合わせて資産配分を考えることで
投資のバリエーションを広げられる。

資産運用全体は、図5-7のように、キャッシュ（現金資産）、金融資産、実物資産の3つに分けて考えることができます。資産が1,000万円くらいまでは、投資信託やETFのような金融資産によるインデックス運用を基本とし、外貨と円貨、株式資産と債券資産のバランスを考えながら投資をしていくのが、オーソドックスな方法です。資産の積み上げには、積立（58ページ）を使いドルコスト平均法で、投資対象と時間を分散して投資をしていきます。効率性とコストを重視した運用法になります。

実物資産は、金融資産とは対照的な投資になります。個別性が強く、コストや効率性よりも市場の歪みを見つけ、超過収益を狙いに行く投資になります。

2つの資産をどのように組み合わせるかは、その人の投資目的により異なりますが、資産金額が大きくなればなるほど、実物資産の比率を高めていくのが良いでしょう。また、年齢が高くなると共に、値動きが激しい株式のような金融資産よりも、不動産のようなインカム収入が期待できる資産に軸足を移していくべきです。

次ページから、金額別のポートフォリオ例を紹介します。

■図5-7　3つの資産の関係

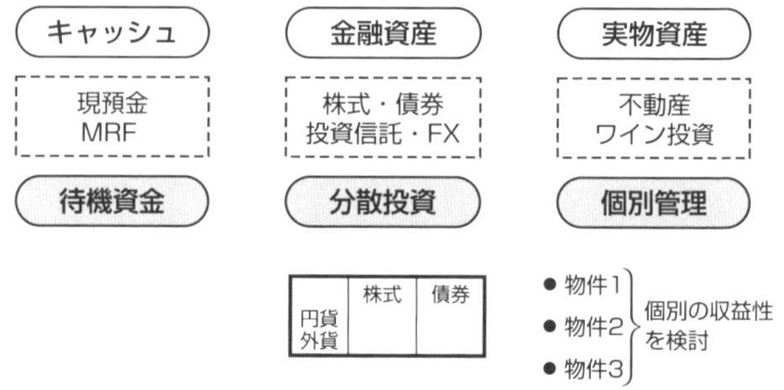

キャッシュ	金融資産	実物資産
現預金 MRF	株式・債券 投資信託・FX	不動産 ワイン投資
待機資金	分散投資	個別管理

円貨 外貨	株式	債券

● 物件1
● 物件2 ┐ 個別の収益性
● 物件3 ┘ を検討

200　第5章　実物資産を使った資産設計8つのポイント

3,000万円のポートフォリオ例

	アセットクラス	比率	金額	商品名
金融資産	日本株式	3%	90万円	上場インデックスファンドTOPIX（1308）
	日本債券	10%	300万円	個人向け国債（変動10年）
	外国株式	5%	150万円	海外ETF（iシェアーズMSCIコクサイETF）
		5%	150万円	ＳＭＴ新興国株式インデックス・オープン
	外国債券	—	—	
	その他の資産	—	—	
	流動性資産	7%	210万円	MRF
実物資産	その他の資産	60%	1,800万円	国内不動産
		10%	300万円	ワインファンド
	合計	100%	3,000万円	

　運用資産が3,000万円の場合、1,000万円程度を金融資産に投資し、残り2,000万円程度を不動産に配分することが考えられます。ただし、不動産は個別性が強く、いつでも自由に物件を購入できるわけではありません。投資対象エリアの選定をしっかり行い、納得できる物件が見つかってから投資を開始すべきです。

　最初の不動産投資は、為替リスクの無い国内不動産から始める方が取り組みやすいでしょう。為替リスクを積極的に取る場合は、アメリカのような先進国から入っていくことも考えられます。また、いきなり2,000万円の物件に投資するのはリスクが大きすぎると考える場合は、まずは1,000万円程度で最初の物件を買い、物件数を増やしていく方法もあります。いずれにしても自分のリスク許容度を冷静に判断し、リスクの取り過ぎにならないように注意しましょう。

　不動産を保有するのであれば、REIT（不動産投資信託）はすべて売却します。また、金利収入を目的とした債券ファンドも売却してしまって良いでしょう。

　もう1つの実物資産であるワインは、自分で銘柄選択する手もありますが、300万円から投資できるワインファンドの活用も可能です。ワインの現物投資とは違うリスクがありますが、銘柄選択をプロに任せられるメリットがあります。いずれにしてもワインのようなコモディティへの資産配分は、運用金額の10％を上限にすべきです。

5,000万円のポートフォリオ例

	アセットクラス	比率	金額	商品名
金融資産	日本株式	2%	100万円	上場インデックスファンドTOPIX（1308）
	日本債券	6%	300万円	個人向け国債（変動10年）
	外国株式	3%	150万円	海外ETF（iシェアーズMSCIコクサイETF）
		3%	150万円	SMT新興国株式インデックス・オープン
	外国債券	―	―	
	その他の資産	―	―	
	流動性資産	4%	200万円	MRF
実物資産	その他の資産	36%	1,800万円	国内不動産
		36%	1,800万円	海外不動産
		4%	200万円	ワイン現物投資
		6%	300万円	ワインファンド
合計		100%	5,000万円	

　資産規模が5,000万円になっても、3,000万円と投資の基本方針は変わりません。金融資産による分散投資と、不動産を中心とする実物資産を組み合わせて、投資していくことになります。

　不動産投資の投資先は、金額が大きくなる分、広げることができます。3,000万円のときは、国内不動産だけを投資対象としていましたが、5,000万円の投資金額であれば、国内不動産と海外不動産を組み合わせることも可能です。

　ただし、あまり小さな金額で分散しても手間とコストがかかることになり、効率性の問題が出てきます。投資金額としては、最低1件で1,000万円程度が目安になります。

　国内不動産のメリットは借入によってレバレッジをかけ、イールド・ギャップ（187ページ）からのリターンを狙うことができることです。ポートフォリオ例では、ローンを想定していませんが、借入をすれば投資金額を資産金額以上に膨らませることが可能です。その場合、リスクはさらに大きくなりますから、リスクコントロールには一段の注意が必要です。

　海外不動産もローンは利用可能ですが、借入比率は国内より低めになります。また借入金利も高いことから、キャッシュでの投資が中心になります。

1億円のポートフォリオ例

	アセットクラス	比率	金額	商品名
金融資産	日本株式	1%	100万円	上場インデックスファンドTOPIX（1308）
	日本債券	3%	300万円	個人向け国債（変動10年）
	外国株式	2%	200万円	海外ETF（iシェアーズMSCIコクサイETF）
		2%	200万円	ＳＭＴ新興国株式インデックス・オープン
	外国債券	―	―	
	その他の資産	―	―	
	流動性資産	2%	200万円	MRF
実物資産	その他の資産	40%	4,000万円	国内不動産
		40%	4,000万円	海外不動産（先進国・新興国）
		5%	500万円	ワイン現物投資
		5%	500万円	ワインファンド
合計		100%	1億円	

　資産が1億円になれば、現物不動産の投資対象を国内だけではなく先進国と新興国でそれぞれ複数に広げていくことも可能になります。ただし、運用対象は5,000万円のときと大きく変わりはありません。

　先進国の不動産投資の場合、小さな物件を複数持つよりもまとまった金額で行った方が、効率性が高まるケースがあります。物件の集中リスクはありますが、あまり細かく分散すると、管理の手間がかかることになりかねません。一方で、新興国の不動産投資は、国の分散が重要ですから、投資金額が大きくなってきたら複数の国に投資していくべきだと考えます。効率性は低くなりますが、新興国の場合はリスクを分散することを優先すべきでしょう。

　実物資産の比率が資産全体の90％と高くなっていますが、不動産への投資比率を高め、インカム収入を確保するためです。資産規模が大きくなると、キャピタルゲイン（値上がり益）によって資産を大きくしていくより、定期的に入ってくるインカム収入によって毎月のキャッシュフローを安定させる方が安定したパフォーマンスを実現できます。

　1億円のうち90％を不動産投資に配分すれば、年間5％のネット利回りとしても年450万円のインカム収入が得られることになります。

ポイント8　実物資産を組み入れたポートフォリオ例

column

円安とインフレに同時に備える方法

4章と5章では10万円から1億円まで、資産金額別のポートフォリオ例を紹介しました。これらは、すべて借入によるレバレッジを使わない運用方法です。

本コラムでは、ローンも組み合わせることによって、レバレッジをかけて、日本の個人投資家の2つの大きなリスクである、インフレと円安に同時に対応する方法を考えてみます。

インフレリスクは
リスク資産の保有で

インフレは株式や不動産のようなリスク資産を保有することによって、対応することができます。

インフレとはお金の価値が下落すること。預金を保有していれば、インフレで実質的な資産価値は下落しますが、株式や不動産のようなリスク資産は相対的に値上がりすることになります。

定期的な収入を得たいのであれば、不動産投資によって、インカムゲインも合わせて狙うことができます

円安リスクは外貨資産の
保有で対応

一方の円安は、外貨建て資産を保有することによって、対処することができます。自分の資産に外貨資産が組み入れられていれば、円安によって為替差益が得られます。

もし、円安になるか円高になるか、五分五分で予想がつかないのであれば、円資産と外貨資産を半分ずつ保有するのが合理的です。円高、円安どちらに振れたとしても最悪の事態を回避することができます。

外貨とローンを組み合わせる

では、インフレと円安に同時に対応するためには、どうしたら良いでしょうか。

話をシンプルにするために、1,000万円の円の預金を保有している人を例に考えてみます（図5-8）。

インフレに備えるために、保有している預金で、1,000万円の国内不動産を購入すると、（A）から（B）のように円の資産が預金から不動産に振り替わります。

この場合、インフレにより不動産の価格が上昇すれば、そのメリットは享受できますが、円資産100%なので、円安には対応できません。

円資産と外貨資産を500万円ずつにすれば、円安にも対応できるようになりますが、国内不動産の購入金額は500万円しかなくなってしまいます。

そこで、ローンを活用することを考えてみます。ローンには、単に投資する際の、自己資金の少なさを補うだけではなく、自分の資産全体の円の比率をコントロールするのに使えるメリットがありま

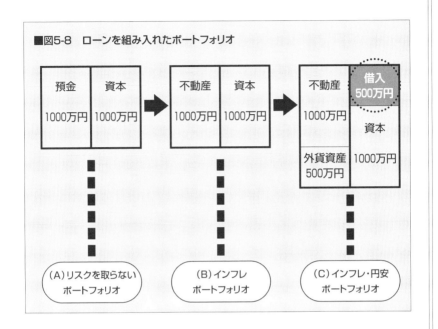

す。

例えば、(C)のように1,000万円の物件を500万円のローンで購入し、余った預金の500万円を外貨資産に振り向ければ、1,000万円の国内不動産を保有しながら、円と外貨の比率を50%ずつにすることができます。

実際には、不動産と外貨資産以外にも投資して、もっと複雑なポートフォリオになると思いますが、借入のメリットについて、シンプルに理解できたと思います。

「借入=悪」ではない

資産運用とは、資産サイドだけではなく、借入をどうするかという負債サイドのコントロールも重要です。

「借入=悪」と思い込んでいる人がいるかもしれませんが、これは誤った先入観です。もちろん借入によって、返済リスクや金利上昇リスク(変動金利の場合)が新たに発生します。しかし、負債を上手に活用することで、投資のバリエーションは広がります。

企業経営でも、資金調達の戦略が重要であるのと同じように、「お金の経営者」である個人投資家にも、資産運用だけでなく、借入との組み合わせ方が、これからもっと大切になると思います。

第5章のまとめ

ポイント1 資産には実物資産と金融資産がある

実物資産とは、不動産や金・銀などの貴金属、ワインなど投資対象が見える資産のことをいう。

金融資産が1,000万円を超えたら、実物資産の組み入れを検討してみる。

ポイント2 不動産投資は海外も投資対象になる

海外不動産は、日本にはない持続的な高成長と今後の需要増が魅力。

国内不動産は、低金利でローンを使ったレバレッジ投資に妙味がある。

ポイント3 不動産投資のプロセス

まず投資エリアのマクロ経済をチェックし、投資エリアを選択する。

次に現地視察により物件を実際に確認し、仲介会社と管理会社を選ぶ。

ポイント4 海外不動産とその特徴

先進国の不動産の中心は米国。広大な米国エリアは州単位で分析する。

新興国は市場全体の経済成長により、物件価格と賃料が上昇していく可能性が高い。

ポイント5 国内不動産とその特徴

人口が減少していく日本ではエリアの選定が重要。東京都心が中心。

借入金利の低い国内では、運用利回りとの「利回り差」を狙う。

ポイント6 ワイン投資

投資対象はヴィンテージと呼ばれるフランス産の高級ワインが中心。

「需要」「供給」「熟成」という他のコモディティにはない特徴がある。

ポイント7 金（貴金属）の現物取引

金、銀、プラチナなどは月1,000円から積立購入することもできる。

金利は付かず、需給によって価格が大きく変動する点に注意する。

ポイント8 実物資産を組み入れたポートフォリオ例

資産金額が大きくなるほど、実物資産の比率を高めていくのが良い。

不動産を保有するのならREITや債券ファンドは売却するのが良い。

第**6**章

資産設計の
フロンティアを広げる
7つのポイント

第1章では資産設計を始める前の心構えを、第2章では資産を殖やす基本的な投資理論を、第3章では金融商品の詳細と使い方を、第4章ではそれらを使って実際に分散投資を行うためのプロセスを、第5章では金融資産に加え実物資産を使った資産設計の方法を学びました。第6章ではさらに資産設計のフロンティアを広げるために知っておくべきことを学びます。海外口座、NISA、マイホーム、保険など個人資産の周辺知識や資産運用の勉強法など、運用を続けていく上で知っておくべき知識をまとめました。

資産設計塾［応用編］

ポイント 1 海外口座のメリットとデメリット

> **海外口座の正確な実体を知る**
>
> 海外口座は利便性などのメリットと
> 維持コストや手間などのデメリットを比較し
> 目的を明確化してから開設する。

海外口座に関心を持つ個人投資家が増えています。香港やシンガポールに出かけ、銀行口座を開設する人たちが増えている背景には、国内に資産を置いておくことに対する漠然とした不安があると思われます。しかし、開設する前にメリット、デメリットを良く考えるべきです。

海外口座を開設するメリットとデメリット

海外口座開設のメリットは、日本の金融機関が提供していない商品やサービスを利用できることです。

例えば、ETF（88ページ）は国内の証券会社でも購入できますが、海外の証券口座を活用すれば、商品のバリエーションが大きく広がります。また、手数料の面でもメリットがあります。

また、海外の金融機関では「マルチマネーアカウント」と呼ばれる複数の通貨に振替を行えるサービスが一般的になっています。円口座を中心に口座管理を行う国内の金融機関に比べ、利便性の高いサービスと言えます。

一方で、海外口座は通常英語でのサービスになりますから、最低限の英語力は必要になります。また、海外とのやり取りになりますから、国内と比べ手続きは煩雑です。金融機関によっては外国人の口座開設に厳しい基準を設けているところもあります。

海外口座は節税対策にはならない

海外口座を節税の手段として考えている人がいますが、これは誤りです。日本の居住者は、海外口座で得られた収益に関しても日本で確定申告することが求められています。非居住者にならない限り、最終的に国内で運用するのと海外で運用するのとでは税制上の違いは無いのです。

■国外財産調書制度
居住者（非永住者を除く）で、12月末時点で5,000万円超の国外財産を有する者は、その国外財産の種類、数量、価額その他必要事項を記載した国外財産調書を翌年3月15日までに所轄税務署に提出しなければならない制度。2014年1月から施行された。

また、2012年度税制改正において、**国外財産調書制度**と呼ばれる海外資産の申告制度が導入されました。株式や預金といった金融商品だけではなく、不動産などを含めた5,000万円相当を超える資産を国外に保有している日本の居住者（個人）は、所轄の税務署に財産目録を提出することが義務付けられました。

日本の税当局の個人投資家が保有する海外資産へのモニタリングは、今後さらに厳しくなることが予想されます。海外口座を活用することで、本来納付すべき税金を国内で申告しないことは、節税ではなく脱税であることを肝に銘じておきましょう。

海外口座で思わぬ落とし穴に陥ることも

海外口座で取引をする場合、平常時は良いですが、トラブルが発生した時の対応も考えておく必要があります。英語でのメール、英語での電話といった対応が必要になって、大きなトラブルになるケースがあるからです。

さらに、相続手続きに関しても注意が必要です。将来、相続が発生するような場合、国内の金融機関に比べ、手続きが煩雑になることが予想されます。トラブルや相続に関わるリスクは、発生してから対応するのではなく、事前に調べておくべきです。

銀行口座によっては、一定以下の残高しかない場合は口座管理維持手数料を取られるケースもあり、そうなればデメリットの方が大きくなってしまいます。

このように考えていくと、海外口座を開設することにメリットがあるのは、一定規模のまとまった資産を保有し、海外でしか投資できない商品に投資をしたいと考えている人に限定されます。

海外口座は魔法の口座ではなく、メリットとデメリットの両方がある取引であることを十分に理解して、活用すべきかどうかを最終判断するようにしましょう。

■表6-1　海外口座のメリットとデメリット

メリット	デメリット
手数料が安い	ある程度の英語力が必要
国内金融機関にはない商品が取引可能	書類のやり取りが煩雑
外貨取引などサービスの利便性が良い	トラブルの解決に手間がかかる

資産設計のフロンティア

ポイント1　海外口座のメリットとデメリット

少額投資非課税制度の仕組み

NISAはこれから投資を始める人が
活用すべき税制優遇の仕組み。
他の証券口座との違いを理解した上で利用する。

　NISA（ニーサ）は、正式には**少額投資非課税制度**と呼ばれ、イギリスのISA（Individual Savings Account＝個人貯蓄口座）を参考に、整備された投資の仕組みです。日本（Nippon）の頭文字Nを入れて、NISAと名付けられました。

NISAの概要

　イギリスでは1999年よりISAが導入されており、国民の4割が活用するほど普及していますが、日本で開設されたNISA口座数は、2014年末時点で824万口座です。そのうち実際に投資されているのは約45％で、投資金額は2兆9,797億円に留まります。さらなる普及啓蒙活動が必要です。

　NISA口座を開設できるのは、日本に居住していて、口座を開設する年の1月1日時点で満20歳以上の人です。NISA口座の開設は、1人1口座のみとなり、複数の金融機関で口座開設することはできません。

　NISA口座で非課税となるのは上場株式、公募株式投資信託の配当所得、譲渡所得等です。また、上場ETF、REIT、海外株式、海外ETFも対象となります。非課税投資枠は年間100万円までですが、非課税期間は5年間ありますので、最大500万円までの投資枠が利用できます。

NISAのメリットとデメリット

　NISAは、投資未経験者がこれから始める口座としては魅力的です。年間100万円までの投資元本の配当や売却益には課税されません。積立で投資をする場合なら、毎月約8万円程度までなら非課税で続けられることになります。

　一方、既に一般口座や特定口座で投資を始めている人にとっては、NISAの口座と既存の口座のどちらを使って投資をするか、悩

ましい問題が発生します。NISA口座内の上場株式等を売却した場合に生じた譲渡損失については、NISA以外の口座で生じた上場株式等の譲渡益や配当等との損益通算、繰越控除はできません（表6-2）。

投資で利益が出るか損失が出るかは、事後的にしか判断できません。2つの口座のどちらを使って投資するかを事前に決めなければならないので、税のメリットを享受できない可能性が出てきます。

投資経験者のNISAの活用例

既に証券口座を使って投資を始めている人が、NISAを活用する1つのアイディアとして、IPO（新規公開株式）のような大きな株価上昇の可能性のある投資に利用することが考えられます。IPO銘柄は、上場してから株価が公募価格の数倍に上昇することもあります。このようなアップサイドの大きな利益が期待できるIPO銘柄は、非課税メリットも大きく受けられます（株価が新規公開後に公募価格よりも高くなることが前提です）。

IPOは、ブックビルディングに参加しなければ、購入する権利は得られません。NISA口座は1つの金融機関にしか開けませんから、IPOの取引に使う証券会社にNISA口座を開設することになります。

■NISAの対象商品
NISAの適用対象商品には制度上、外国株式や海外ETFも含まれる。しかし、どの商品をNISAの対象商品としているかは各金融機関によって異なる。一般口座や特定口座では取り扱っている商品でもNISA口座では取扱いが無い場合もある。口座開設の前によく確認すべき。

■表6-2　証券口座の比較

口座の種類	NISA	特定口座		一般口座
投資金額	年間100万円まで（最大500万円）	制限なし		
課税	非課税	源泉徴収あり	源泉徴収なし	
		譲渡益（20.315％の申告分離課税）配当金・分配金（20.315％の源泉徴収）		
納税手続き	なし	・源泉徴収・確定申告不要	・金融機関が損益計算・確定申告必要	・自分で損益計算・確定申告必要
損失処理	特定口座・一般口座と損益通算できない	・確定申告すれば、複数口座の損益通算可能・損失も3年間繰越可能		
口座数	1人1口座	金融機関ごとに複数可		

※2016年1月から特定公社債等の課税方法が改正され、20.315％（復興特別所得税を含む）の申告分離課税となる（109ページ側注参照）。

資産設計のフロンティア

ポイント2　NISAの活用法　　　211

3

ポイント

マイホームと住宅ローン

> ### 資産運用とローン返済は両立するか？
>
> マイホーム購入はライフスタイルを制約してしまうことになる。
> 物件選択とローンの借入方法を慎重に検討し、
> 資産運用と両立させていくことが大切。

　マイホームは、資産運用の対象にはならない資産です。また住宅ローンは、バランスシートでは負債にあたり、本書のテーマである資産ではありません。とはいえ、マイホームは資産設計に間接的に大きな影響があるもの。マイホームと住宅ローンとの付き合い方についてまとめておきます。

家は買うべきか、借りるべきか？

　家を買うべきか借りるべきかというのは、結論の出ないテーマです。ただ、確実なことは、マイホーム購入によって様々なリスクが発生するということです。

　例えば、物件を購入するために住宅ローンを組めば、返済できなくなるリスクが発生します。数十年にわたるローン返済期間中に、収入の減少などで返済金額を支払える余裕が無くなれば、ライフプランは大きく狂います。また変動金利で借り入れをすれば、金利上昇によって返済額が増えてしまう可能性もあります。

　マイホームは賃貸のように家賃はかかりませんが、賃貸物件には無いコストがかかります。例えば、購入時には販売価格にプラスして、税金、ローン関連手数料、火災保険・地震保険などがかかります。また、購入後も、保有期間中には固定資産税、さらにマンションであれば、修繕積立金、管理費がかかってきます。

　さらに、マイホームは将来のライフスタイルのフレキシビリティを低下させます。転勤、家族構成の変化などによって、引越ししたい時に、マイホームが足かせになってしまう可能性があるのです。マイホームのローン返済に追われ、自分のお金と時間に余力が無くなってしまっては、本末転倒です。住宅ローンに、自分のお金を借りる力という資産が使われてしまって、他のことができなくなってしまうリスクも考えておくべきでしょう。

212　第6章　資産設計のフロンティアを広げる7つのポイント

■買うなら中古も検討する

それでも、マイホームが欲しいという場合、まず考えるべきは
物件選択です。日本人は新築を好む傾向がありますが、中古物件
の方が割安で、将来の価格下落リスクも小さくなります。注文住
宅を作るなら別ですが、建売住宅を購入するのであれば、**新築だ
けではなく中古も選択肢に入れる**のが合理的でしょう。リフォー
ムをかければ、新築と遜色ない満足感を得ることも可能です。

ローンは固定か、変動か？

また、マイホーム購入では、住宅ローンを利用するのが一般的
です。住宅ローンは固定金利と変動金利の2つに大別されますが、
現在は変動金利の方が金利は低く、魅力的に見えます。しかし、
将来の金利上昇リスクを取っていることになります。

固定金利は将来にわたり金利が上昇するリスクが無く、返済金
額を固定できるメリットがあります。現在の超低金利が今後も継
続すれば変動金利が有利になるわけですが、数十年先までの金利
予想をすることは簡単ではありません。

目先の金利が高くても、固定金利で借入をする方が、リスクは
コントロールできます。固定金利と変動金利の金利差は、将来の
金利上昇に対する「保険料」だと考えれば、どちらを選択するか
の判断材料になるでしょう。

ローンと資産運用は両立できる

住宅ローンを返済している人から、資産運用よりローン返済を
優先させるべきかどうかと聞かれることがあります。ローンの返
済は滞りなく行うべきですが、資産運用も並行して行っていくべ
きというのが、私の考えです。

ローンを完済してから資産運用を始めようとしても、それから
新しい知識や資産運用の商品選択を始めるのは、簡単ではありま
せん。ローン金利より高い利回りで運用できれば、資産運用を並
行することにメリットがあると言えますが、長期運用であれば充
分可能です。

実際に自分の資金を使って行う資産運用の経験は、早ければ早
いほど良いのです。

■フラット35
住宅金融支援機構と民
間銀行などが提携して
提供する最長35年の
長期固定金利住宅ロー
ン。

4

ポイント

保険の見直し

> **金融商品としての保険**
>
> 保険商品には保障機能と貯蓄機能がある。
> 保障機能は将来のリスクに備えるために重要だが
> 資産と見なすことができるのは貯蓄機能部分のみである。

　資産設計の観点から保険について考えるべきことは2つあります。1つは金融資産と認識できる保険と、金融資産にならない保険を分けて考えることです。1つの商品に2つの機能が混在していることもあります。そして、もう1つはコスト管理の徹底です。必要な保険を厳選し、必要のない保険には入らないことです。

金融資産になる保険・ならない保険

　自動車保険や自宅の火災保険は資産ではなく費用です。同様に生命保険も死亡保障や入院保障といった保障は、資産として考えるべきではないのです。逆に、生命保険でも年金保険のような貯蓄性のものであれば、資産として考えることができます。**変額保険や学資保険**などがこれに含まれます。

　生命保険は①終身保険、②養老保険、③定期保険、④年金保険などに分けられますが、資産設計という観点からは、資産としての価値があるか、という観点から分類しておく必要があります。

　保険は、人生のリスクをヘッジする商品として存在価値があります。しかしそれにはコストがかかります。例えば死亡保険は、残された家族の生活の収入を保障するのが目的です。大半の人は同じ保障金額で一定の年齢まで加入していますが、実は必要な保障額は年々減っていくのです。もし、将来の予想給与収入を補うのが目的なら、定年時には死亡保険は不要ということになります。

保険は高コスト商品

　広告宣伝費をかけている保険商品は、その分のコストは保険料に上乗せされています。一般に保険商品は販売員の人件費なども[*]あり、割高です。

　例えば、自分で投資信託を使って年金の資金を運用する変額年金保険も分配金が非課税、生命保険料控除がある、相続税の節税

214　第6章　資産設計のフロンティアを広げる7つのポイント

■図6-1 保険とのつき合い方

1 保障部分と貯蓄部分を見きわめる

2 必要のない保険に入らない

3 同じ保険なら低コストのものを選ぶ

4 無料相談は「高くつく」

5 定期的に必要かどうかを見直す

メリットなどから購入するケースが多いようです。しかし保険としての初期コスト、毎年の保険契約関係費・資産運用関係費がかかり、**実は運用商品としては高コスト**です。税制上のメリットがあるとしても、そのようなコストとの見合いから最終的な判断をしなければ意味がありません。

まずは自分の保険を確認する

日本では必要のない保険に何となく入っているという方が、まだ多いようです。生命保険の**販売員に勧められたものを真剣に検討しないまま加入しているケース**が目立ちます。必要のない保険を解約し、その資金を資産運用に活用することを検討すべきです。

例えば、独身で扶養家族のいない人であれば、死亡保険に入る必要はありません。死亡保険とは、万が一のことがあった時残された家族を経済的にサポートするのが目的だからです。

また、住宅ローンなどのローンには、通常団体信用生命保険が付いていますから、過剰に死亡保険に入らなくても良いのです。

自分が入っている保険の内容をよく知らない人は、保険証書を取り出して契約内容を確認してみましょう。内容について保険の専門家に相談するのも有益です。その時は、無料相談ではなくコストを払っても、客観的な見地でアドバイスしてくれる人を選びましょう。

■販売員の人件費
取り扱い商品を絞り込み、販売員を持たずネット上で営業を行うライフネット生命、ネクスティア生命のような低コストの生命保険会社も登場している。

■保険の専門家
保険の代理店業務をしているような「専門家」は避けた方が良い。

資産設計のフロンティア

ポイント4 保険の見直し　　215

5 ポイント

相場が急落した時の対処法

> **急落時にパニックになるのを防ぐ**
>
> 長期運用では相場の急落に遭遇することがある。
> 投資を始める前に、そのような事態への対処法を
> 予め考えておくことが重要。

　長期で資産運用を続けていると、マーケットの混乱やそれに伴う相場の急落局面に遭遇することは珍しくありません。過去を振り返っても、ブラックマンデー、タイバーツ危機、ロシア危機、ITバブル崩壊、リーマンショック（2008年金融危機）、ギリシャ危機といったグローバルな規模での大きな相場変動が数年ごとに発生しています。

　このような相場の急落時には、株式のようなリスク資産が大きく売られ、インデックス運用していても50％以上下落するケースもあります。このような異常事態は、頻繁に発生するわけではありませんが、どのように対応するのかを予め準備しておくことは、投資で長期的な成果を上げるために必要です。

下げ局面で投資をやめてしまう個人投資家

　過去の相場変動を見てわかることは、パニック的な売りによって下がった相場は、売れすぎの状態まで下げた後リバウンドしているということです。例えば、リーマンショックで大きく下がった世界の株式市場ですが、2015年3月時点で見ると、米国株式はリーマンショック前の水準を上回り、史上最高値を更新しています。また日本株式も日経平均で見れば2015年4月には2万円台にまで回復し、リーマン・ショック後の2009年3月につけた最安値の7,000円台前半の3倍近くまで上昇しています。

　リーマンショックで世界的に下落した株価は、2009年以降、各国で反転が始まったわけですが、底値で投資をやめてしまった個人投資家が数多くいました。投資した株式の評価が下がってきた結果、損失に耐えられなくなって投資を断念してしまったのです。多くの個人投資家は相場が上昇してから高値圏で投資を始め、下落するとやめてしまいます。

　これでは、いつまでたっても資産を殖やすことはできません。

相場が下落してもやめない方法を考える

　マーケットの急落は資産を減らしてしまうピンチですが、一方で資産を安く買うことができるチャンスと考えることもできます。相場が下落しても投資をやめない準備をしておけば、資産運用の成功の可能性が高まります。

　そのためにやっておくべきことは、まず投資を始める前に、**自分のリスク許容度の範囲に抑えた資産配分**を考えておくことです。株式や外貨のような変動の大きな資産の比率を一定以内に収めることで対応できます。

　また、相場の急落に遭遇した時の対応も重要です。実際に急落に直面すると、感情的になってパニック売りのような対応をしてしまうことがあります。最悪の状態になった場合にどのような対応をするのか、平時から考えておくようにすれば、慌てないで対応できるようになります。

　例えば、待機資金として残しておいた資金を下落局面で追加投資する。リスク許容度に余裕があれば、そのような冷静な対応も可能になるのです。

遠い将来から現在を見る視点を持つ

　資産運用を10年単位で続けていくのであれば、10年後20年後から見た、現在を想像してみましょう。

　過去の大きな相場変動も時間が解決していることがわかります。相場が混乱すれば、政府や中央銀行による対策が打ち出され、市場参加者のパニックが落ち着くにつれて、一方方向への感情的なマーケット変動は収まり、正常化していきます。

　このような感情的な相場においては、過剰なリスク回避から資産の投げ売りのような状態が起こり、資産の価格が売られすぎた結果、割安になることがあります。渦中にいる時には、永遠に解決しないと悲観的になってしまうような状況も、数年経てば何もなかったかのように戻ってしまうのです。

　長いスパンで投資を考え、適切なリスク量で投資を行う。下げ局面であっても冷静に対応することができるように、今から対策を考えておくようにしましょう。

■ブラックマンデー
1987年10月19日（月曜日）に起こり、世界に波及した米国発の株価大暴落。ニューヨークダウが508ドル（22.6％）も下落し、その下落率は1929年のブラック・サースデー（暗黒の木曜日）の12.8％をも上回った。

ポイント6 資産運用の勉強法

投資成果を上げるインプットの方法

基本的な投資理論だけではなく、新しい金融商品、税制や規制の変更など常に最新の情報をアップデートできるような効率的な勉強法を工夫することが大切。

投資を我流で始める人がいますが、残念ながら長期的には成功しません。当初はビギナーズラックでうまくいったとしても、続けているうちに徐々に実力通りの結果しか出ないようになるからです。

投資に必要な知識は、高度なものではなく、誰でも理解できるシンプルなものです。とはいえ、きちんとポイントを押さえておく必要があります。

勉強すべきは「理論」と「実践」の2つ

投資で勉強すべきことは、理論と実践の2つに分けられます。

理論とは、本書の第1章や第2章で取り上げたような、リスクとリターン、投資対象や時間の分散、感情のコントロールといった基本的な投資理論です。このような理論は普遍的なもので、一度学んでしまえばずっと役に立つ知識になります。

実践とは、本書の第3章以降で取り上げているような、具体的な投資手法です。金融商品の選択方法や、その組み合わせ方、投資を続けていくためのリスク管理の方法や資産配分の調整の方法。これらは、金融市場の変化や新しい商品の登場によって変わってきます。常にアップデートしていくことが必要です。

これらの情報は、書籍だけではなく、雑誌やセミナー、さらにはネット上などでも入手できます。

また、海外不動産のような実物資産は、最新の情報収集が日本国内では得られにくいので、スタディツアー（181ページ）なども活用すべきです。

ただし、いずれの方法にしても、質の高い正確な情報を選択するように意識しましょう（表6-3）。

■表6-3　勉強の方法

勉強の方法	選択の際の注意点
勉強会・セミナー・スタディツアー	時間とコストに見合ったものを選ぶ。 定期的に開催されている評価の高いものを選ぶ。
書籍・雑誌	センセーショナルな内容のものは避ける。 自分の投資手法に合っているものを選ぶ。
個人投資家のネットワーク	正確な内容のものを選んでコンタクトするようにする。 「ギブアンドテイク」を心がける。

「価値＞価格」のセミナーを選択する

　セミナーや勉強会に参加する場合、無料の勉強会よりも有料のものを選択すべきというのが、私の意見です。無料のもので、公的な機関で開催されているものには、収益を目的にしない良心的なものもあります。しかし、殆どの無料セミナーは、最終的には商品の勧誘・販売を目的にしたものだからです。

　また、講師の経験をしている立場から言えば、有料の講座で講師と受講者が真剣に向き合っている緊張感のあるものの方が、受講者の満足度も高く、効果的だと言えます。無料のセミナーでは参加する人の意識が高くない場合も多く、講師にも無料だからという甘えが出てしまう危険性もあります。有料で継続して開催されているセミナーは、価格以上の価値を提供しているからこそ、リピートされているとも考えることができるのです。

　参加費がかかったとしても、それ以上の投資成果が期待できるものを探し、良質なセミナーを選んで参加した方が結局はメリットが大きいのです。

個人投資家のネットワークを活用する

　さらに、セミナーに参加したり、ツイッターやフェイスブックといったネット上のつながりをきっかけに、個人投資家同士の情報交換で知識を深めていく方法もあります。

　個人投資家の中には、プロ顔負けの知識や情報を持っている人も少なくありません。本業とは関係なく、ウェブ上で投資啓蒙のコンテンツを書いている著名ブロガーも存在します。情報を求めるだけではなく自分からも情報発信をすれば、このような優秀な個人投資家ともコンタクトできるようになるでしょう。

■投資の書籍
長期の資産形成に有益な書籍は、資産運用に役立つ書籍（224ページ）として巻末にまとめた。

■「SHINOBY'S BAR銀座」
著者がオープンした銀座のバーでは投資セミナーも開催され、個人投資家が集まるコミュニティとなっている。

資産設計のフロンティア

ポイント7 長期の社会の変化と投資戦略

これから世界経済は大きく変わる

人口動態、経済成長率によって
将来の投資環境は大きく変わる。
長期の社会の変化を見通す視点を持つ。

資産運用においては、どうしても目先のマーケットの変動に気を取られがちです。しかし、デイトレードではなく、長期の資産形成を目的にしているのであれば、5年後、10年後の社会の変化を見据えながら投資方針を決めていくことを忘れてはいけません。

人口動態と技術進歩

将来を予測することは、プロの投資家でも簡単ではありませんが、人口動態は予測しやすいものの1つです。出生率と死亡率が統計データとして入手することができ、戦乱のような混乱が無い限り、短期的に大きく変動することがないからです。

表6-4は各国の人口の将来予想です。これを見ると今後人口が増加するのは、東南アジア、アフリカの新興国あるいはフロンティアマーケットが中心であることがわかります。先進国で人口が増加するのは例外的にアメリカだけで、日本の人口は2050年には1億人を割り込み、現在よりも3割近く減少することが予想されています。

経済成長をもたらすもう1つの要因は**テクノロジーによる技術進歩**ですが、これは人口動態とは逆に予想することが極めて難しいのが現実です。今後、バイオテクノロジーやロボット、新エネルギーなど様々な分野で画期的なブレイクスルーが生まれるかもしれませんが、そのタイミングはわかりません。

先進国と新興国のフラット化

人口動態と経済成長率の動きを見ていると、中長期的には新興国が先進国に比べ相対的に高い成長を遂げ、現状の格差が徐々に是正されるトレンドであることがわかります。全ての新興国が経済成長によって先進国並みの豊かさを実現できるかどうかはわかりませんが、全体的に見れば世界経済は「フラット化」していく

■表6-4 世界の人口予測（上位20か国）　　　　　　　　　　　（単位：100万人）

	2014年			2030年			2050年	
	世界計	7,244		世界計	8,425		世界計	9,551
1	中国	1,394	1	インド	1,476	1	インド	1,620
2	インド	1,267	2	中国	1,453	2	中国	1,385
3	アメリカ合衆国	323	3	アメリカ合衆国	363	3	ナイジェリア	440
4	インドネシア	253	4	インドネシア	293	4	アメリカ合衆国	401
5	ブラジル	202	5	ナイジェリア	273	5	インドネシア	321
6	パキスタン	185	6	パキスタン	232	6	パキスタン	271
7	ナイジェリア	179	7	ブラジル	223	7	ブラジル	231
8	バングラデシュ	159	8	バングラデシュ	185	8	バングラデシュ	202
9	ロシア	142	9	メキシコ	144	9	エチオピア	188
10	日本 b	127	10	エチオピア	138	10	フィリピン	157
11	メキシコ	124	11	ロシア	134	11	メキシコ	156
12	フィリピン	100	12	フィリピン	128	12	コンゴ民主共和国	155
13	エチオピア	97	13	日本 b	117	13	タンザニア	129
14	ベトナム	93	14	コンゴ民主共和国	104	14	エジプト	122
15	エジプト	83	15	エジプト	103	15	ロシア	121
16	ドイツ	83	16	ベトナム	102	16	ウガンダ	104
17	イラン	78	17	イラン	91	17	ベトナム	104
18	トルコ	76	18	トルコ	87	18	イラン	101
19	コンゴ民主共和国	69	19	ドイツ	80	19	ケニア	97
20	タイ	67	20	タンザニア	79	20	日本 b	97

（出所）UN, World Population Prospects:The 2012 Revision

ことが予想されます。

　一方で先進国の中での、富裕層とそれ以外の人たちの格差問題が大きく取り上げられているのも事実です。

■格差問題
フランスの経済学者トマ・ピケティの著書「21世紀の資本」は世界的なベストセラーになり、日本でもピケティブームが起こった。

不確実性に対応する長期分散投資

　人口動態や新興国の全体としての成長など、ある程度方向性が予想できるものもありますが、多くの経済要因は不確実で、短期的にそれを当てにいくのは簡単ではありません。

　しかし、ほぼ確実なことは、人口増加と技術進歩や新興国の環境改善によって生産性が向上すれば、経済成長が続くということです。とすれば、長期的には世界経済全体の成長から恩恵を受ける長期分散投資がこれからも最適な投資手法ということになります。

　インデックス投資によって市場全体をカバーするように資産を分散し、個別の銘柄や地域の上昇を予想するのではなく、全体がゆっくりと成長していくことに賭ける投資。長期で資産運用ができる時間を持っている人にとっては、投資環境が変わったとしても、基本的な運用スタイルを変える必要はないのです。

資産設計のフロンティア

ポイント7　長期の社会の変化と投資戦略

221

第6章のまとめ

ポイント1 海外口座のメリットとデメリット

国内金融機関には無い豊富な金融商品のバリエーションや手数料の安さなどがメリットだが、節税対策にはならない。

一定の英語力が必要で、手続きの煩雑さやトラブルのリスクもある。

ポイント2 NISAの活用法

1人100万円までの投資元本が5年間非課税となる（非課税投資枠は最大500万円）。

NISA口座の制度詳細や各金融機関のNISA対象商品などを確認する。

ポイント3 マイホームと住宅ローン

マイホーム購入時のローンは、将来の収入減など様々なリスクも伴う。

買うなら中古物件も検討し、住宅ローンと資産運用の両立を考える。

ポイント4 保険の見直し

保険のうち資産と見なせるのは貯蓄機能部分のみで、高コスト商品。

定期的に保険の必要性を見直し、必要のない保険を解約する。

ポイント5 相場が急落した時の対処法

パニック的な売りによる急落は、短期間でリバウンドすることが多い。

過去の歴史的急落も、中長期で見ると絶好の買い場だったとわかる。

ポイント6 資産運用の勉強法

投資で長期的に成果を上げるには、「理論」と「実践」の勉強が必要。

無料のセミナーよりも、有料のものの方が結局はメリットが大きい。

ポイント7 長期の社会の変化と投資戦略

新興国の台頭で、これから世界経済の様相は大きく変わる。

人口動態や経済成長率から、長期の社会の変化を見通す視点を持つ。

資産運用に役立つ書籍

　資産運用の成功のためには、正しいインプットとアクションが必要です。投資のパフォーマンスを向上させるために役立つと思う書籍をご紹介します。

■資産運用全般

　『敗者のゲーム<原書第6版>』　チャールズ・エリス　日本経済新聞出版社
　『ウォール街のランダム・ウォーカー<原著第10版>』　バートン・マルキール　日本経済新聞出版社
　『臆病者のための億万長者入門』　橘玲　文芸春秋
　『しぶとい分散投資術―世界金融危機でわかった!』　田村正之　日本経済新聞出版社
　『新・証券投資論Ⅰ理論編』　小林孝雄・芹田敏夫　日本経済新聞出版社
　『新・証券投資論Ⅱ実務編』　伊藤敬介・諏訪部貴嗣・荻島誠治　日本経済新聞出版社

　『資産運用大全』　日経ヴェリタス編　日本経済新聞出版社
　『貯金が1000万円になったら資産運用を考えなさい』　内藤忍　ディスカヴァー・トゥエンティワン

■金融資産

　『新・投資信託にだまされるな!』　竹川美奈子　ダイヤモンド社
　『〈新版〉投資信託選びでいちばん知りたいこと』　朝倉智也　ダイヤモンド社
　『株式投資 第4版』　ジェレミー・シーゲル　日経BP社

■実物資産

『不動産でお金持ち 「年収500万円」から億万長者になる方法』 日経ホームマガジン 日経BP社

『不動産投資 1年目の教科書』 玉川陽介 東洋経済新報社

『1年で10億つくる！不動産投資の破壊的成功法』 金森重樹 ダイヤモンド社

『不動産投資で人生を変える! 最速でお金持ちになる絶対法則』 紺野健太郎 ダイヤモンド社

『中古ワンルーム2戸からはじめる家賃40万円稼ぐ黄金の法則』 重吉勉 かんき出版

『究極の海外不動産投資』内藤忍 幻冬舎

『2015最新版 カネはアンティーク・コインにぶちこめ！』 加治将一 祥伝社

『スゴい「減価償却」』 杉本 俊伸+GTAC 幻冬舎

『飲めて殖やせる 究極のワイン投資』 内藤忍 遊タイム出版

エピローグ

2005年1月に「資産設計塾」の初版を出版してから、10年が経ちました。この間、世界経済はリーマンショックやユーロ危機など、大きな変動がありましたが、本書の基本的な内容は、今も変わっていません。

「普遍性」「実績」「再現性」のある資産運用を

アセットアロケーションを重視した長期投資には、マーケット環境の変化に関係なく通用する「普遍性」があります。投資に関する書籍は、毎年大量に出版されますが、その多くは数年で消えていきます。10年前にも、様々な投資の手法が流行っていましたが、今も残っているものは、ほとんどありません。短期的に有効であっても、長期で役立つ方法でなければ、有益とは言えません。

また、投資の「実績」が出ている方法でなければ、投資手法として参考にはなりません。本書で紹介している投資の方法は、私自身が自分の資産を使って、結果を出してきた運用方法です。試行錯誤の中から、役に立つと判断したものをまとめて紹介しているのです。私の実践している方法がすべて正しいとは言いません。しかし、実績も無く書かれている本よりは、信頼してもらえると思います。

さらに、結果が出ている方法であっても、その投資手法が誰にでも同じように実践できなければ、意味がありません。才能や能力に関係なく、同じ方法で続ければ、誰でも結果が出せる「再現性」が必要です。

本書で提案するような「普遍性」「実績」「再現性」のある資産運用であれば、誰でも投資の成果を得ることができるのです。

「勉強家」から「投資家」へ

お金は「目的」ではなく、人生の夢・目標をかなえるための「手段」です。人生に必要なお金を手に入れるためには、自分で仕事をして収入を得るだけではなく、自分の持っている資産にも働いてもらう必要があります。資産を預貯金に眠らせているだけではなく、リスクを取ってリターンを狙うべきなのです。本書には、そんな資産運用に必要な情報をすべて盛り込みました。

しかし、勉強しても実践しなければ、資産は殖えません。だから、できるだけ早く実際に資産運用を始めてみることをお勧めします。

書籍やセミナーで情報のインプットばかりをしている「勉強家」ではなく、一日も早く自分の資産を自己責任で運用する「投資家」になることです。

今回の4訂版の制作も、多くの方の協力、サポートによってようやく完成させることができました。特にイボットソン・アソシエイツ・ジャパンの小松原宰明さんに、データの収集で大変お世話になりました。内容に関しての責任は著者である私にありますが、制作にあたっては、講師を務めるセミナー、勉強会の参加者からのフィードバックの蓄積が大きな力になっています。

また、初版からずっと編集をお願いしている自由国民社の長岡茂典さんには、今回も最後まで粘り強い編集作業を進めていただき、作品の完成度を一段と高めることができました。

ようやく完成した本書を、いつまでも元気でいて欲しい母と、3年前に天国に旅立った父に捧げます。

2015年4月吉日

内藤　忍

索引

【英字】

Alternative 128
ETF 88
FX 114
IPO 211
ISA 210
NISA 210
PBR 103
PER 103
RC 189
REIT 122
ROE 102
TOPIX 102

——あ

アービトラージ戦略 129
相対取引 118
アクティブ運用 54
アクティブファンド 82
アセットアロケーション 45,46,48,49,156
アセットクラス 73,156
アノマリー 55
アベノミクス 65
アルファ 52
ETFラップ 99
異次元金融緩和 65
インデックス 55
インデックス運用 54,61,100
インデックスファンド 82
インフレ 5
ヴィンテージ 194
運用会社 74
運用レポート 76

HFRXグローバル・ヘッジファンド・
インデックス 130
S&Pシティグループ世界国債
インデックス 97
エッジ 130
エマージングマーケット 95
MSCIエマージング・マーケット・
インデックス 96
MSCIコクサイインデックス 7,94,96
MSCIフロンティアマーケット
インデックス 96
MSCIワールド・インデックス 96
円安 4
オーバーコンフィデンス 66
オルタナティブ 128

——か

海外ETF 94
海外口座 208
外国株式 73,142
外国債券 73,142
価格リスク 70
学資保険 214
格付け 112
株価収益率 103
株価純資産倍率 103
株価リスク 143
株主優待 101
カルパース 131
為替リスク 70,143
管理会社 74
基準価額 93
キャピタルゲイン 101
キャリートレード 120
金 196
金利リスク 70
空室リスク 127
空室率 186
繰越控除 104

228 　索引

くりっく３６５　119
減価償却　171
公的保有金　197
ゴーイング・コンサーン　26
ゴールド　196
国外財産調書制度　209
国内不動産　186
個人向け国債　106
固定資産税　190
コモディティ　196

――さ

再生系ファンド　128
JPX日経インデックス400　102
JPモルガンエマージングマーケット
　インデックス　97
自己資本利益率　102
資産管理シート　37
市場の効率性　54
市場リスク　44
自信過剰　66
実績配分　75
シャープ・レシオ　80
住宅ローン　212
純資産　80
少額投資非課税制度　210
新型窓販国債　106
新規公開株式　211
信託財産留保金　78
信託報酬　76
信用リスク　70
推定NAV　90
スタンダード＆プアーズ　112
スマートベータ　29
スワップポイント　117
正規分布　136
ゼロクーポン債　111
相関係数　138
ソーシング　130

損益通算　104

――た

積立投資　58
低クーポン債　110
定性的分析　81
定量的分析　80
デベロッパー　179
店頭FX　118
投資信託　74
投資タイミング　46
東証株価指数　102
都心回帰　191
トラッキング・エラー　82
取引所FX　118
ドルコスト平均法　58

――な

日経225株価指数　101
日本株式　73, 142
日本債券　73, 142
日本の将来人口　175
認知的不協和　66

――は

バイ・アンド・ホールド　192
配当金　101
配当利回り　103
バンガード社　47
販売会社　74
非市場リスク　44
標準偏差　45
ファンド　74
ファンド・オブ・ファンズ　93
ファンドマネージャー　29
ブックビルディング　211
復興特別所得税　87, 104
不動産投資信託　122
プライベートエクイティ　128

プライベートバンク　105
プラチナ　197
ブラックマンデー　217
ブルゴーニュ　193
プレビルド　178
プロスペクト理論　66
フロンティアマーケット　31, 95
分配金　74
分別管理　75
ベータ　52
ヘッジファンド　129
変額保険　214
ベンチマーク　80
ベンチャーキャピタル　128
保険　214
ポジション　115
ボルドー　193

——ま

マーケットニュートラル戦略　129
マーケットメイク制度　119
マーケットリスク　70
マイホーム　212
マクロ戦略　129
ミスマッチリスク　64
みなし外国税額控除制度　113
ムーディーズ　112
銘柄選択　46
メンター　39
モニタリング　162

——ら

ラップ口座　99
利益相反　124
リスク　43
リスク許容度　135
利付債　110
リバランス　162
利回り差　187

流動性資産　142
流動性リスク　71
リレー投資　91
レバレッジ　114, 124
レバレッジ規制　120
老後資金　25
ローリスク・ハイリターン　42
ロールオーバー　115
路線価　190
ロング・ショート戦略　129

——わ

割引債　111
ワンルームマンション投資　187

参考書籍・文献

《書籍》
『20世紀の崩壊 日本の再生』　ピーター・タスカ（講談社）
『臆病者のための億万長者入門』　橘玲（文芸春秋）
『敗者のゲーム〈原著第6版〉』　チャールズ・エリス（日本経済新聞出版社）
『不動産でお金持ち「年収500万円」から億万長者になる方法』（日経BP社）
『究極の海外不動産投資』　内藤忍（幻冬舎）
『飲めて殖やせる 究極のワイン投資』　内藤忍（遊タイム出版）

《文献》
「資金循環の日米欧比較」2015年3月　日本銀行調査統計局
「Sources of Portfolio Performance: The Enduring Importance of Asset Allocation」The Vanguard Group

　その他、『日経マネー』『ダイヤモンドZAI』『ネットマネー』『The Economist』などの金融情報誌、金融機関・金融情報会社のホームページなど。

著者紹介

内藤　忍 （ないとう・しのぶ）

1986年東京大学経済学部卒。1991年MITスローン・スクール・オブ・マネジメント卒業（MBA）。
大学卒業後、住友信託銀行、シュローダー投信投資顧問株式会社で資産運用業務を担当。
1999年、株式会社マネックス（現マネックス証券株式会社）の創業に参加。商品開発、資産設
計などを担当。その後、マネックス・オルタナティブ・インベストメンツ株式会社代表取締役社
長、株式会社マネックス・ユニバーシティ代表取締役社長、クレディ・スイス証券プライベート
バンキング本部ディレクターを経て、2012年株式会社資産デザイン研究所を設立。代表取締役
社長に就任。
早稲田大学オープンカレッジ、丸の内朝大学などで講師を務め、複数の雑誌、ウェブ媒体での連
載コラムを担当。主な著書にシリーズ13万部を超えるベストセラーとなった「内藤忍の資産設
計塾」シリーズ（自由国民社）の他、「究極の海外不動産投資」（幻冬舎）、「貯金が1000万円に
なったら資産運用を考えなさい」（ディスカヴァー・トゥエンティワン）、「飲めて殖やせる　究極
のワイン投資」（遊タイム出版）など多数。

一般社団法人海外資産運用教育協会代表理事
公益社団法人日本証券業協会証券検定会員

内藤忍の公式ブログ「SHINOBY'S WORLD」
http://www.shinoby.net/

内藤忍の資産設計塾【第4版】
豊かな人生に必要なお金を手に入れる方法

2015年5月26日　初版第1刷発行

著　　者	内藤　忍
発 行 者	伊藤　滋
発 行 所	株式会社 自由国民社
	〒171-0033 東京都豊島区高田3-10-11
	http://www.jiyu.co.jp/
	電話03-6233-0781（代表）
本文DTP	有限会社 中央制作社
印 刷 所	大日本印刷株式会社
製 本 所	新風製本株式会社
装　　丁	熊谷英博

Ⓒ2015 Shinobu Naito Printed in Japan.
落丁本・乱丁本はお取り替えいたします。
本書の全部または一部を無断で複写複製（コピー）することは、著作権法上での例外を除き、禁
じられています。